Erläuterungen und Dokumente

Max Frisch
Biedermann und die Brandstifter

HERAUSGEGEBEN
VON INGO

PHILIPP RECLAM

Über die verschiedenen Textausgaben von Max Frischs
»Biedermann und die Brandstifter« informieren die Literaturhinweise S. 108, einen orientierenden Überblick über
die einzelnen Fassungen und Bearbeitungen ermöglicht die
Tabelle auf S. 14

Universal-Bibliothek Nr. 8129/29a
Alle Rechte vorbehalten. © Philipp Reclam jun. Stuttgart 1975
Gesetzt in Petit Garamond-Antiqua. Printed in Germany 1975
Herstellung: Reclam Stuttgart
ISBN 3-15-008129-7

I. Wort- und Sacherklärungen

Biedermann: ›bieder‹ aus mhd. biderbe, ›rechtschaffen, tüchtig‹; verwandt mit ›bedürfen‹; also urspr. ›brauchbar, nützlich‹. Das Wort, das in Texten des Barock selten ist, wurde von Lessing in seiner Logau-Ausgabe als »alte, der deutschen Redlichkeit so angemessene« Bezeichnung empfohlen. In diesem Sinne tritt es dann häufig in den Schriften des Sturm und Drang auf. Goethe erwähnt in »Dichtung und Wahrheit« (3. Teil, 13. Buch) »Das Leben des biedern Götz von Berlichingen, von ihm selbst geschrieben«, womit dessen Autobiographie gemeint ist. Verengung und Pejorisierung der Bedeutung zu ›bürgerlichwohlanständig, beschränkt‹ erst im 19. Jh. Dieselbe Entwicklung bei ›Biedermann‹, das schon im Mhd. belegt ist. Lessing und Schiller gebrauchen ›Biedermann‹ im Sinne von ›Ehrenmann‹ (»Nathan der Weise« I, 4; »Wilhelm Tell« I, 1 u. ö.). Lessing spricht im 19. Stück der »Hamburgischen Dramaturgie« von der »Einfalt eines treuherzigen Biedermanns«, gegen den die »ausgeklügelte[n] Anschläge« eines »Arglistigen« immer scheitern müßten. In der nicht von Frisch stammenden Bearbeitung der Fernsehfassung in schweizerdeutscher Mundart ist ›arglos‹ mit ›bider‹ wiedergegeben.

Ein Lehrstück ohne Lehre: Vgl. Kap. II, 4b und IV, 2a.

Personen

Anna, Schmitz, Eisenring, Polizist, Dr. phil.: als typisierte Figuren erkennbar an dem Artikel ›ein‹.

Ein Dr. phil.: Diese Figur hat der Autor erst in die Fassung des Bühnenstücks eingeführt.

Witwe Knechtling: Daß sie auftritt, ist neu gegenüber der Hörspielfassung, allerdings als stumme Rolle, »ein Standbild der Witwentrauer« (Lissner). Ihre Rolle wird gelegentlich von der Schauspielerin der Frau Biedermann mit übernommen, wie auch der Intellektuelle und der Polizist von Mitgliedern des Chors gespielt werden.

Der Chor: Vgl. Kap. II, 4c.

Mannen: schweiz. gebräuchlicher Plural zu ›Mann‹.

Szene

Zum Bühnenbild bemerkt Frisch: »Einfälle kommen mit dem Material. Schon das Bühnenmodell 1 : 20, das ich mir bastelte, nötigte oder verlockte den Stückschreiber, der mit seinem Manuskript fertig zu sein meinte, zu allerlei Veränderungen« (Programmheft, S. 4). Das Bühnenbild zur Uraufführung entwarf Frisch also selbst (vgl. die Abbildung S. 53). Die Beschränkung auf zwei simultan auf der Bühne aufgebaute Schauplätze mag vom Hörspiel als Vorform herrühren. Die Aufgabe der Umsetzung ins Anschauliche stellte sich dem Autor wieder neu bei der Fernsehbearbeitung.

(Vorspiel)

Das Stück ist in sechs »Szenen« eingeteilt. Innerhalb der »Szenen« bilden die simultan vorhandenen Schauplätze »Stube« und »Dachboden«, zwischen denen häufig gewechselt wird, Untereinheiten. Vor »Szene 1« befindet sich ein nicht bezeichnetes Vorspiel, nach der Schlußszene ein unbezeichneter Epilog. Schon im Hörspiel gibt es einen nicht überschriebenen Prolog, elf »Ansagen« und zehn »Szenen«.

in der Art des antiken Chors: vieldeutig. Vergleichsmöglichkeiten: Trennung in Chor und Chorführer, Funktionen, Schicksalsmotiv, Sprache (Archaismen in Wortwahl und Satzbau, Rhythmus, Sentenzen). Zu beachten sind allerdings auch parodistische Mittel, z. B. Komik, Verfremdungselemente, Ablehnung des Schicksalsglaubens. Vgl. auch Kap. II, 4c.

Szene 1

Stube

Aufhängen sollte man sie ... Aufhängen: Eine auffallende sprachstilistische Besonderheit des Stücks sind die häufig vorkommenden Doppelungen. Drei Typen sind zu unterscheiden:

1. Ganze Sätze werden wörtlich wiederholt: z. B. *ich bin kein Unmensch, aber – ich bin kein Unmensch, Anna* (Biedermann in Szene 1); *Es kommt ja doch, Herr Biedermann, es kommt ja doch!* (Schmitz in Szene 1).

2. Sätze werden verkürzt wiederholt (Nachklappen):

z. B. *ich kann diesen Menschen nicht vor die Tür werfen.*
Ich kann's nicht! (Anna in Szene 1); *es kommt nicht in*
Frage, sag ich, nicht in Frage (Biedermann in Szene 1);
Das ist ja zum Verrücktwerden [...] *Zum Verrücktwer-*
den! [...] *Man muß auch ein bißchen Vertrauen haben,*
Babette, ein bißchen Vertrauen (Biedermann in Szene 2).
3. Wortgruppen oder Wörter werden wiederholt: z. B.
ohne zu klopfen [...] *Ohne zu klopfen* (Biedermann in
Szene 1); *Herr Knechtling! Herr Knechtling! Herr Knecht-*
ling soll mich gefälligst in Ruhe lassen [...] *Herr Knecht-*
ling! [...] *– wenn Herr Knechtling es sich leisten kann,*
einen Prozeß zu verlieren oder zu gewinnen. Bitte! Bitte!
[...] *Sagen Sie Herrn Knechtling: Ich habe Besuch* (Biedermann in Szene 1).
Diese sprachliche Erscheinung tritt bei allen Personen des
Stücks auf, besonders jedoch bei Biedermann. Auch in anderen Stücken Frischs sowie in seinen Romanen kommt sie
vor.
Die Häufung der Doppelung im Drama zeigt an, daß es
sich um besonders affektgeladenes Reden handelt (Annähe-
rung an gesprochene Sprache). Man mag diese Erscheinung
psychologisch erklären: Ein Gedanke wird ausgesprochen,
der Sprecher hört sich selbst, stutzt, zögert vielleicht, um
ihn dann bekräftigend zu wiederholen, um sich zu dem
Gesagten zu bekennen. Wiederholte Substantive bekommen nicht selten leitmotivischen Charakter (Menschlich-
keit, Benehmen, Schicksal usw.).
Schmitz: Herr Biedermann brauchen keine Angst haben:
indirekte Ansprache in der 3. Person als Sprachgestus des
Unterwürfigen.
Das sagten Sie schon, ja, sehr erfreut –: Die Doppelbödigkeit
des Dialogs tritt öfter zutage. Herr Biedermann meint
nicht, was er sagt. Er gebraucht lediglich eine Sprachscha-
blone, eine Höflichkeitsfloskel. Vgl. auch Kap. IV, 2d.
Brot und Wein: Anspielung auf das Abendmahlsakrament.
Vgl. Szene 5: *Ein hölzerner Tisch, nichts weiter, wie beim*
Abendmahl.
Nur von Ihrer besten Seite: Vgl. die Passage aus dem Hör-
spiel:
» B i e d e r m a n n. Sie kennen mich, sagten Sie?
S c h m i t z. Sozusagen.

B i e d e r m a n n. Woher?

S c h m i t z. Von Ihrer besten Seite, Herr Biedermann, nur von Ihrer besten Seite.«

Die metaphorische Redensart ›jemanden von seiner besten Seite kennen‹ anstelle der erwarteten adverbiellen Ortsangabe hat eine komisch-ironische Wirkung.

vom alten Schrot und Korn: von guter Art; bildliche Redensart seit dem 16. Jh.: ›Schrot‹ und ›Korn‹ im Mhd. Bezeichnung für Rauhgewicht, Bruttogewicht (Schrot) und Feingehalt (Korn) einer Münze; hier ironisch.

Zivilcourage: Mut, die eigene Überzeugung zu vertreten. Hier von Schmitz ebenso wie das Lob von Biedermanns Gewissen in bezug auf dessen Stammtischreden ironisch gebraucht.

Eine Standuhr schlägt neun: Vgl. das Ende des Vorspiels.

Beaujolais: nach einer frz. Landschaft benannter Rotwein.

Es kommt ja doch: zusammen mit *Gottesgericht* Ironisierung des Schicksalsmotivs.

Herr Knechtling! Herr Knechtling! . . .: Im Hörspiel steht an dieser Stelle ein Telefongespräch mit Frau Knechtling:
» B i e d e r m a n n *zu Schmitz, der während des Telefongesprächs den Raum verlassen will* (aus Höflichkeit).
Bleiben Sie ruhig.
Und erklärend zu Frau Knechtling ins Telefon:
Das habe ich zu meinem Gast gesagt. Daß Sie nicht ruhig bleiben, Frau Knechtling, verstehe ich, wenn Ihr Mann vom Gashahn redet.«

Sie entschuldigen! Er steigt über die Bank: Illusionsdurchbrechung.

Spießer: Kurzform zu ›Spießbürger‹, ›engstirniger Mensch‹, als studentisches Scheltwort im 17. Jh. bezeugt – zunächst als spöttische Bezeichnung für den mit einem Spieß bewaffneten Stadtbürger, zu einer Zeit, als bereits Feuerwaffen in Gebrauch waren.

Dachboden

ein altes Schaffell: Das Ziegenfell im Hörspiel (Szene 2) wurde im Bühnenstück zum Schaffell (Szene 1 und 2). Eine symbolische Bedeutung (›Wolf im Schafspelz‹) liegt nahe. Vgl. Szene 3, wo Schmitz' Komplize Eisenring wohl

nicht nur wegen seines Kellnerberufes als Mann mit der
»weißen Weste« auftritt.

Stube

Babette [. . .] wendet sich an den Zuschauer: Illusionsdurchbrechung.

Dachboden

aus traulichen Dächern: Metonymie (Umbenennung), vgl.
›unter meinem Dach‹ = in meinem Haus (pars pro toto);
»Zum Kampf der Wagen und Gesänge« (Schiller: »Die
Kraniche des Ibykus«).
Wehe: Vgl. auch *Heil uns!* pathetisch, archaisierend (vgl. den
Kontrast *Anruf genügt* u. a.).
Männer! dann nehmen sie einfach ein Schlafpulver: Ellipse
(unvollständiger Satz); ein Wenn-Satz ist zu ergänzen,
etwa: Wenn Männer beunruhigt sind und nicht schlafen
können, . . . Hier sentenzenhaft an die Zuschauer gerichtet.

Szene 2

Stube

*Ich bin zu gutmütig, du hast recht: diesem Knechtling werde
ich die Kehle schon umdrehn:* bildliche Rede, gedanken-
lose Ungeheuerlichkeit, Kontrast zum Verhalten gegenüber
dem eintretenden Brandstifter Schmitz.
meine Jugend in den Köhlerhütten: Vgl. Szene 6. Biographi-
sche Hinweise als Erklärungshintergrund für das destruk-
tive Verhalten und die schlechten Umgangsformen; senti-
mentaler Trick, um in Biedermanns Haus Fuß zu fassen.
Madame halten mich also für einen Brandstifter: Vgl. *Was
können Madame dafür, daß ich kein Benehmen habe!* Be-
tont höfliche Anrede in der dritten Person.
Ist es denn richtig, das Ei? Hier hat der Autor auf das Spiel
mit Mißverständnissen, wie es im Hörspiel und der Tage-
buch-»Burleske« der Fall war, verzichtet. Vgl. die folgende
Hörspielpassage:
» B i e d e r m a n n *zu Schmitz, nachdem sich Knechtling
am Telefon von ihm hat abkanzeln lassen müssen:* Ist es
recht?

Schmitz. Was?
Biedermann. Das Ei.« (Szene 3).
Bei ›recht‹ assoziiert der Hörer das Unrecht Biedermanns gegenüber Knechtling und sein Verhalten am Telefon. Man könnte also die Frage so verstehen: War es nicht richtig, daß ich meinem ehemaligen Mitarbeiter die Meinung gesagt habe? Das war nicht gemeint, sondern die Beschaffenheit des Frühstückseis.
Dazu noch ein Beispiel aus der »Burleske«: »Jedenfalls kannst du ihn nicht wegschicken, du gibst ihm Suppe und Brot dazu, wie gesagt, und sogar mehr als das: du gibst ihm recht. Zuerst nur durch dein Schweigen, später mit Nicken, schließlich mit Worten.«

Verstaatlichung!: Schmeichlerische Gleichsetzung von Besitz, Kultur und feinem Benehmen und als Kontrast das Reizwort ›Verstaatlichung‹, hier im Sinne von Proletarisierung; Besitzbürgertum erscheint (ironisch) als Garant feiner Lebensart.

der ist doch Kellner gewesen: Im Hörspiel (Szene 6) stellt Schmitz seinen Kumpan als »apokalyptischen Radler« aus dem Zirkus vor (die zwei flüchten nach der Brandstiftung per Fahrrad).

Metropol: aus griech. μητρόπολις, Mutterstadt, dann Hauptstadt, Zentrum, Hochburg; Name großer (vornehmer) Hotels, auch von Filmtheatern.

Von der Feuerversicherung, sagt er, nämlich er müsse sich das Haus ansehen: Der zweite Brandstifter verschafft sich ebenfalls mit einem (sarkastischen) Trick Eingang in Biedermanns Haus (vgl. Szene 4: Eisenring. *Scherz ist die drittbeste Tarnung . . .*). Die Sprache des Dienstmädchens wird hier durch die veränderte Wortstellung angezeigt.

Szene 3

Dachboden

weiße Weste: symbolische Bedeutung: makellos, untadelig usw. (vgl. Schmitz' auf dem Dachboden aufgestöbertes Schaffell).

Estrich: schweiz., Dachboden, Speicher.

Hormoflor: Kunstwort aus ›Hormon‹ und ›florere‹ (lat.,

blühen, gedeihen), also etwa: ein Hormonmittel, aufgrund dessen die Kopfhaare besser gedeihen.

»Die Männerwelt atmet auf.« [...] *»Versuchen Sie es noch heute.«* [...] *»Sie werden es nicht bereuen.«:* Werbeslogans. Das Ganze mit dem dreifachen Schlußduett *Hormoflor* hat die Form eines Werbespots (Rundfunk, Fernsehen, Plakat).

Hanebüchenes: von ›Hagebuche, Hainbuche‹; grob, derb, weil das Holz der Hagebuche besonders knorrig gewachsen ist.

Ich habe eine Besprechung mit dem Chor: Verfremdung, Durchbrechung der Illusion.

Defaitismus: Miesmacherei, aus frz. défaite, ›Niederlage‹.

Szene 4

Dachboden

Haspel: Winde zum Aufrollen von Garn, Schnur, Wasserschläuchen usw.

Lili Marlen: Ein Schlager mit weltweiter Wirkung. Die zweite Vertonung (nach Rudolf Zinks erster Version) des schon 1915 von Hans Leip geschaffenen Textes (»Die kleine Hafenorgel«) durch Norbert Schulze, die Weglassung der unheimlichen Wiedergängerstrophe und nicht zuletzt die Interpretation durch Lale Andersen (1938) begründeten den Erfolg. Seit der in Belgrad installierte deutsche Soldatensender jeden Tag am Schluß der Sendung »Wir grüßen« das Lied spielte, trat es seinen unvergleichlichen Siegeszug durch die Welt an. In Nordafrika übernahmen es die englischen Soldaten, worauf in London eine englische Fassung erschien. Durch Zitieren dieses Soldatenschlagers wird an das ›Dritte Reich‹ und den Zweiten Weltkrieg erinnert, Hinweis auf eine der möglichen Parabelanwendungen.

Lukarne: schweiz., Dachfenster, Dachluke; aus frz. lucarne.

Dachboden

Föhn: warmer, trockener Fallwind mit unangenehmer Wirkung auf wetterfühlige Menschen.

Man hört Gurren der Tauben: Hinweis auf Idylle, Frieden (Symbol: Taube). Im Hörspiel (Ansage 8) heißt es: »Es ist schade, liebe Hörer, daß Sie dieses Bild nicht sehen können: Eisenring an der offenen Lukarne, er steht auf den Kanistern und füttert gerade eine weiße Taube ...«.

Dachboden

Sodom und Gomorra: Vgl. 1. Mose 19, 24: »Da ließ der Herr Schwefel und Feuer regnen vom Himmel herab auf Sodom und Gomorra und vernichtete die Städte und die ganze Gegend und alle Einwohner der Städte und was auf dem Lande gewachsen war.«

Dachboden

Doktor: Gegenüber den früheren Fassungen neu eingeführter dritter Dachbodengast. Verkörperung des Intellektuellen. Vgl. die Gestalt des ›Heutigen‹ (›Doktor Jur.‹) in »Die Chinesische Mauer«, die Hauptperson in »Die große Wut des Philipp Hotz« (zusammen mit »Biedermann und die Brandstifter« uraufgeführter Einakter) und Professor Kürmann in »Biografie«.

Hydranten: Wasserzapfstellen.

Kirchenglockengeläute: Vgl. die Stundenschläge bei der Wache des Feuerwehrchors; symbolische Mahnung (Abendläuten).

Szene 5

Stube

Kandelaber: kunstvoller Kerzenleuchter.

Messerbänklein: vornehmes Tafelrequisit zum Auflegen des Bestecks.

Damast: glänzender Stoff, feine Tischwäsche (eigtl.: ›aus Damaskus‹).

Und die Schleife und alles ist verkehrt: symbolisch bedeutsame Verwechslung der Aufschrift, Hinweis auf Biedermanns nahes Ende.

wie beim Abendmahl: wiederum Hinweis auf Biedermanns letztes Mahl.

Szene 6

Stube

ins Bockshorn jagen: erschrecken, einschüchtern. Für die Redensart gibt der Etymologie-Duden unter dem Stichwort ›Haberfeldtreiben‹ folgende Erklärung: »Vergehen, die sich nicht gerichtlich verfolgen ließen (z. B. Verstöße gegen das Brauchtum), wurden früher in Bayern und Tirol von einem nächtlichen Rügegericht geahndet, wobei der Schuldige in ein Hemd (urspr. ein Ziegenfell [Bockshaut]) gesteckt und umhergetrieben wurde.«

Pommard: Burgunderwein.

Trauma: griech., Wunde; Schock, hier aufgrund sozialer Benachteiligung.

Etablissement: schweiz. gesprochen wie geschrieben; hier ›vornehme Gaststätte, Hotel‹.

Cave de l'Echannon: exquisiter Wein.

Jedermann: Schmitz und Eisenring inszenieren ein ›Spiel im Spiel‹: Hugo von Hofmannsthals »Jedermann. Das Spiel vom Sterben des reichen Mannes« (1911), eine Bearbeitung des spätmittelalterlichen allegorischen Dramas »Everyman«. Seit 1920 regelmäßige Aufführungen vor dem Salzburger Dom (Festspiel). Dreigestufte Simultanbühne, Vorspiel im Himmel mit Dialog zwischen Gott und Tod. Jedermanns Hybris führt ihn an den Rand der Verdammung. Die Fürbitte der Mutter, Werke und Glaube Jedermanns und Gottes Gnade retten den reuigen Sünder.

Er kann auch der Geist von Hamlet sein . . . : Biedermann will aber sein nahes Ende nicht wahrhaben; er demonstriert seine Bildung: Hamlet (Shakespeare): Der Geist des toten Vaters fordert den Sohn zur Rache auf; die Sage vom Steinernen Gast (Don Juan): Als Don Juan dem Standbild des toten Vaters der verführten Donna Anna die Hand reicht, wird er vom Feuer der Hölle verzehrt; Macbeth (Shakespeare): gemeint Banquos Geist, der Macbeth bei seiner Festtafel erscheint und ihn daran hindert, den Platz des ermordeten Königs einzunehmen.

Gasometer: Versorgungsbehälter mit Stadtgas.

Er glaubt nicht an Gott, der Willi, so wenig wie Sie, Herr Biedermann –: In Szene 1 des Hörspiels fragt Schmitz mehrmals, ob Biedermann an Gott glaube und entgegnet

auf dessen bejahende Antwort: »[...] ich habe Mühe. [...]
Die Sintflut, zum Beispiel, wie lange so etwas auf sich warten läßt, langsam macht es einen schon unsicher. Weltkriege
sind ja auch kein Trost, finde ich. Wenn man sich so die
Überlebenden anschaut! Eine ganze Arbeit, finde ich, so
die Arbeit von einem Herrgott ist es nicht –«. Vgl. auch
das Nachspiel.

Dr. phil.: Die Unbeholfenheit der Protestadresse kommt in
der Sprache zum Vorschein, seine Worte werden von den
Ereignissen überrollt. Er begibt sich unter die Theater-
gäste, viele seiner Art mögen darunter sein, Zuschauer der
Ereignisse, wie er.

Die Standuhr schlägt: symbolische Bedeutung wie bei der
Feuerwehrwache und vor dem letzten Abendessen.

Nachspiel

Personen

Beelzebub: im Neuen Testament oberster Teufel; hier ein un-
tergeordneter Höllenheizer im Bockskostüm.

Eine Figur: (Eisenring) steht als Herr der Unterwelt weit
über Beelzebub.

Meerkatze: Gestalt aus Goethes »Faust« I, Hexenküche (Re-
gieanweisung: *Eine Meerkatze sitzt bei dem Kessel und
schäumt ihn, und sorgt, daß er nicht überläuft*).

Sind wir tot?: Reminiszenzen an das Totenhotel aus Sartres
»Huis clos« (»Geschlossene Gesellschaft«, Uraufführung:
Paris 1944) kann man in der Ungewißheit der Personen
sehen, die hier wie dort zunächst nicht wissen, daß sie sich
in der Hölle befinden.

Eine mannshohe Stichflamme schlägt aus dem Boden: als
Theatereffekt geläufig aus Goethes »Faust« I, Szene in
Auerbachs Keller in Leipzig.

Rapporte: dienstliche Berichte, Aufstellungen.

Partisanen: bewaffnete Widerstandskämpfer im feindlichen
Hinterland, deutlicher Hinweis auf den (Zweiten Welt-)
Krieg.

sieben: symbolische Zahl, vgl. Wochentage, Tugenden und
Todsünden, häufig in der Apokalypse der Bibel (Offen-
barung des Johannes).

Wir sind obdachlos!: Der folgende Dialog nimmt wörtlich Passagen aus Szene 1 des Stücks auf, wobei die Biedermanns die Rolle von Schmitz einnehmen. Im Nachspiel finden sich zahlreiche Umkehrungen verschiedener Art.

Wir fordern Wiedergutmachung!: Wiederum Hinweis auf den zurückliegenden Zweiten Weltkrieg; unter jenem Begriff werden von der Bundesrepublik Deutschland an Staaten und Privatleute Entschädigungen für von den Nationalsozialisten zugefügtes Unrecht bezahlt.

Man hört eine Fanfare: Trompetenschmettern, traditionelles Signal für Ankündigungen von Herrschern oder Nachrichten.

Amnestie: Begnadigung, Straferlaß; Anspielung auf Straferlaß für Mitläufer (»Befehlsempfänger«) aus der Zeit des Hitler-Regimes.

Nehmen Sie Platz. Aber wenn Sie die Witwe Knechtling sind . . . : Vgl. Szene 4 des Stücks, wörtliche Wiederholungen.

Alles aus Glas und verchromt!: Hinweis auf Deutschlands Wiederaufbau.

eine prunkvolle Figur, ungefähr wie ein Bischof gekleidet: Die zeremonielle Demaskierung des Höllenfürsten erinnert an das 12. Bild in Brechts »Leben des Galilei«, in dem Papst Urban während der Audienz angekleidet wird. Zur Figurenparodie tritt eine szenische.

siehe, sie haben mich nicht erkannt: Bibelsprache.

Ich liebe meinen Papagei: Anspielung auf den politischen Opportunismus; man redet, wie es gerade üblich ist, und wechselt die Schlagworte mit dem Aufkommen eines neuen Systems und neuer Regierung.

gerettet?! [. . .] Man hört das Echo von oben.: Vgl. den Schluß von Goethes »Faust« I: Eine »Stimme von oben« verkündet, daß Gretchen, die zur Kindsmörderin gewordene Geliebte Fausts, nicht gerichtet, sondern gerettet ist.

Ich kann nicht soviel fressen, wie ich kotzen möchte: Vgl. Max Liebermanns angeblichen Ausspruch bei der Machtergreifung Hitlers: »Ick kann jar nich so viel fressen, wie ick kotzen möchte!«

II. Entstehungsgeschichte, Entwürfe, Umarbeitungen

Die Fassungen von »Biedermann und die Brandstifter«

Nr.	Fassung mit Entstehungs- datum	Erstdruck Erstsendung Erstaufführung	Verlag Sendeanstalt Bühne
1	Tagebuch-Burleske (1948)	1950	Suhrkamp Ver- lag, Frankfurt a. M.
2	Die Brandstifter Hörspielentwurf (1949/50)	Unveröffentl. Maschinenskript vom 6. 2. 1950	Archiv von Studio Zürich
3	Herr Biedermann und die Brandstifter Hörspiel (1952/53)	26. 3. 1953	Bayerischer Rundfunk
4	Biedermann und die Brandstifter Ein Lehrstück ohne Lehre (1958)	29. 3. 1958	Schauspielhaus Zürich
5	Biedermann und die Brandstifter Ein Lehrstück ohne Lehre Mit einem Nachspiel (1958)	28. 9. 1958	Städtische Bühnen Frankfurt a. M.
6	1. Fernsehfassung (1958)	22. 5. 1958	Norddeutscher Rundfunk
7	2. Fernsehfassung: Biedermaa u d' Brandstifter – Es Lehrstück ohni Lehr vom Max Frisch (1963)	24. 11. 1963	Schweizer Fernsehen (Zürich)
8	3. Fernsehfassung (1966)	16. 4. 1967	Radio Bremen

1. Die »Burleske« (1948) im »Tagebuch 1946–1949«

In Max Frischs »Tagebuch 1946–1949« findet man nicht nur eine Fülle von Themen erörtert, sondern auch die Erzählkerne für die Dramen »Als der Krieg zu Ende war« (1949/62), »Graf Öderland« (1951/56/61), »Biedermann und die Brandstifter« (1958) und für »Andorra« (1961) sowie einen Filmentwurf »Der Harlekin«, eine »Kalendergeschichte«, eine »Skizze« über einen Heinrich Gottlieb Schinz, eine »Arabeske«, aus dem Munde Don Juans erzählt, eine »Story« aus der Zeit der beiden Weltkriege und anderes mehr.

Über sein »Tagebuch« sagte der Autor 1961, daß es »über ein Logbuch der Zeitereignisse hinausgeht« und »die Wirklichkeit nicht nur in den Fakten sucht, sondern gleichwertig in Fiktionen« (Werkstattgespräche, S. 26). Er sieht sein »Schreibrecht niemals in seiner Person, nur in seiner Zeitgenossenschaft begründet« (Tagebuch 1946–1949: »An den Leser«):

»Manchmal scheint auch mir, daß jedes Buch, so es sich nicht befaßt mit der Verhinderung des Kriegs, mit der Schaffung einer besseren Gesellschaft und so weiter, sinnlos ist, müßig, unverantwortlich, langweilig, nicht wert, daß man es liest, unstatthaft. Es ist nicht die Zeit für Ich-Geschichten. Und doch vollzieht sich das menschliche Leben oder verfehlt sich am einzelnen Ich, nirgends sonst.«

> (Frisch: Mein Name sei Gantenbein. Frankfurt a. M.: Suhrkamp 1964. S. 103)

Der Erzählkern zu »Biedermann und die Brandstifter« findet sich in einer Tagebucheintragung vom Frühjahr 1948:

Burleske

Eines Morgens kommt ein Mann, ein Unbekannter, und du kannst nicht umhin, du gibst ihm eine Suppe und ein Brot dazu. Denn das Unrecht, das er seiner Erzählung nach erfahren hat, ist unleugbar, und du möchtest nicht, daß es an dir gerächt werde. Und daß es eines Tages gerächt wird, daran gebe es keinen Zweifel, sagt der Mann. Jedenfalls kannst du ihn nicht wegschicken, du gibst ihm Suppe und Brot dazu, wie gesagt, und sogar mehr als das: du gibst ihm recht. Zuerst nur durch dein Schweigen, später mit Nicken, schließlich mit Worten. Du bist einverstanden mit ihm, denn wärest du es nicht, müßtest du sozusagen zugeben, daß du selber Unrecht tust, und dann würdest du ihn vielleicht fürchten. Du willst dich aber nicht fürchten. Du willst auch nicht dein Unrecht ändern, denn das hätte zu viele Folgen. Du willst Ruhe und Frieden, und damit basta! Du willst das Gefühl, ein guter und anständiger Mensch zu sein, und also kommst du nicht umhin, ihm auch ein Bett anzubieten, da er das seine, wie du eben vernommen, durch Unrecht verloren hat. Er will aber kein Bett, sagt er, kein Zimmer, nur ein Dach über dem Kopf; er würde sich, sagt er, auch mit deinem Estrich begnügen. Du lachst. Er liebe die Estriche, sagt er. Ein wenig, noch während du lachst, kommt es dir unheimlich vor, mindestens sonderbar, beunruhigend, man hat in letzter Zeit gar viel von Brandstiftung gelesen; aber du willst Ruhe, wie gesagt, und also bleibt dir nichts anderes übrig, als keinen Verdacht aufkommen zu lassen in deiner Brust. Warum soll er, wenn er will, nicht auf dem Estrich schlafen? Du zeigst ihm den Weg, den Riegel, die Vorrichtung mit der Leiter und auch den Schalter, wo man Licht machen kann. Allein in deiner schönen Wohnung, eine Zigarette rauchend, denkst du mehrere Male genau das gleiche, und es hilft dir nichts, die Zeitung zu lesen, zwischen den Zeilen liest du immer das gleiche: Man muß Vertrauen haben, man soll nicht immer gleich das Schlimmste annehmen, wenn man einen Menschen nicht kennt, und warum soll der gerade ein Brandstifter sein? Immerhin nimmst du dir vor, ihn morgen wieder auf den Weg zu schicken, freundlich, ohne daß ein Verdacht ihn kränken soll. Du nimmst dir nicht vor, kein Unrecht zu tun; das hätte, wie gesagt, zu viele Folgen. Du nimmst dir nur vor, freundlich zu sein und ihn auf freundliche Weise wegzuschicken. Du schläfst nicht immer in dieser Nacht; es ist schwül, und die Geschichten von wirklichen Brandstiftern, die dir so beharrlich einfallen, sind zu läppisch, ein Schlafpulver gibt dir die verdiente Ruhe ... Und am andern Morgen, siehe da, steht das Haus noch immer! – Deine Zuversicht, dein Glaube an den Menschen, selbst wenn er im Estrich wohnt, hat sich bewährt. Es drängt dich nicht wenig, edel zu sein, hilfreich und gut; beispielsweise mit einem Frühstück. Von

Angesicht zu Angesicht, so während ihr einen gemeinsamen
Kaffee trinkt und jeder sein Ei löffelt, schämst du dich deines Verdachtes, kommst dir schäbig vor, und jedenfalls ist es
unmöglich, ihn wegzuschicken. Wozu solltest du! Nach einer
Woche, wie er noch immer in deinem Estrich wohnt, hast du
vollends das Gefühl, jede Angst überwunden zu haben, und
auch als er eines Tages einen Freund bringt, der ebenfalls in
deinem Estrich schlafen möchte, kannst du zwar zögern, aber
nicht widersprechen. Zögern; denn es ist einer, der schon einmal, Gott weiß warum, im Gefängnis gesessen hat und eben
erst entlassen worden ist. Ihn allein hättest du nie in deinen
Estrich gelassen, das ist selbstverständlich. Er ist auch viel
frecher als der erste, das macht vielleicht das Gefängnis, und
ganz geheuer ist es dir nicht, zumal er, wie er ganz offen
gesteht, wegen Brandstiftung gesessen hat. Aber gerade diese
Offenheit, diese unverblümte, gibt dir das Vertrauen, das du
gerne haben möchtest, um Ruhe und Frieden zu haben; am
Abend, da du trotz ehrlichem Gähnen nicht schlafen kannst,
liest du wieder einmal das Apostelspiel von Max Mell, jene
Legende, die uns die Kraft des rechten Glaubens zeigt, ein
Stück schöner Poesie; mit einer Befriedigung, die das Schlafpulver fast überflüssig macht, schläfst du ein... Und am
andern Morgen, siehe da, steht das Haus noch immer! – Deine
Bekannten greifen sich an den Kopf, können dich nicht verstehen, fragen jedesmal, was die beiden Gesellen denn in deinem Estrich machen, und liegen dir auf den Nerven, so daß
du immer seltener an den Stammtisch gehst; sie wollen dich
einfach beunruhigen. Und ein wenig, unter uns gesagt, ist es
ihnen auch gelungen; jedenfalls hast du den beiden Gesellen
etwas aufgelauert und nicht ohne Erfolg; allein die Tatsache,
daß sie kleine Fäßlein auf deinen Estrich tragen, kann deinen Menschenglauben nicht erschüttern, zumal sie es in aller
Offenheit machen und auf deine eher scherzhafte Frage, was
sie denn mit diesen Fäßlein wollten, sagen sie ganz natürlich,
sie hätten Durst. In der Tat, es ist Sommer, und im Estrich,
sagst du dir, muß es sehr heiß sein. Einmal, als du ihnen im
Wege gestanden, ist ihnen ein Fäßlein von der Leiter gefallen, und es stank plötzlich nach Benzin. Einen Atemzug lang,
gib es zu, warst du erschrocken. Ob das Benzin sei? hast du
gefragt. Die beiden, ohne ihre Arbeit einzustellen, leugneten
es auch in keiner Weise, und auf deine eher scherzhafte Frage,

ob sie Benzin trinken, antworteten sie mit einer so unglaublichen Geschichte, daß du, um nicht als Esel dazustehen, wirklich nur lachen konntest. Später jedoch, allein in deiner Wohnung, lauschend auf das Rollen der munteren Fäßlein, die nach Benzin stinken, weißt du allen Ernstes nicht mehr, was du denken sollst. Ob sie deine edle Zuversicht wirklich mißbrauchen? Eine Weile, dein Feuerzeug in der Hand, die feuerlose Zigarette zwischen den trockenen Lippen, bist du entschlossen, die beiden Gesellen hinauszuwerfen, einfach hinauszuwerfen. Und zwar noch heute! Oder spätestens morgen. Wenn sie nicht von selber gehen. Ganz einfach ist es nämlich nicht, im Gegenteil; wenn sie keine Brandstifter sind, tust du ihnen sehr unrecht, und das Unrecht macht sie zu bösen Menschen. Böse gegen dich. Das willst du nicht. Das auf keinen Fall. Alles, nur kein schlechtes Gewissen. Und dann ist es immer so schwierig, die Zukunft vorauszusehen; wer keine Tatsachen sehen kann, ohne Schlüsse zu ziehen, und wer sich alles bewußt macht, was er im Grunde weiß, mag sein, daß er manches voraussieht, aber er wird keinen Augenblick der Ruhe haben; ganz zu schweigen von den Ahnungen. Die Tatsache, daß sie Benzin in deinen Estrich tragen, was heißt das schon? Der eine, der Freund, hat nur gelacht und gesagt, sie wollen die ganze Stadt anzünden. Das kann ein Scherz sein oder eine Aufschneiderei. Wenn es ernst meinten, würden sie es niemals sagen. Dieser Gedanke, je öfter du ihn wiederholst, überzeugt dich vollkommen; das heißt: er beruhigt dich. Und der andere sagte sogar: Wir warten nur auf den günstigen Wind! Es ist zu läppisch, sich von solchen Reden einschüchtern zu lassen; zu unwürdig. Einen Augenblick denkst du an die Polizei. Aber wie du, um dich nicht durch falschen Alarm lächerlich zu machen, dein Ohr an die Zimmerdecke legst, was keine ganz einfache Veranstaltung gekostet hat, ist es vollkommen still. Du hörst sogar, wie einer schnarcht. Und überhaupt kommt die Polizei nicht in Frage; schon weil du selber strafbar wärest, daß du solche Leute in deinem Hause hast, wochenlang, ohne sie anzumelden. Aber vor allem sind es natürlich die menschlichen Gründe, die dich von solchen Schritten abhalten. Warum sagst du den beiden Gesellen nicht einfach und offen, du möchtest kein Benzin in deinem Estrich haben? Offenheit ist immer das beste. Und dann, plötzlich, mußt du selber lachen, daß dir dieser Einfall jetzt erst kommt: sie werden doch dein Haus nicht anzünden, wenn sie selber im Estrich sind! Immerhin kletterst du, schon im Pyjama, noch einmal auf den Sessel, auf die Kommode und den Schrank. Er schnarcht wirklich. Eine halbe Stunde später ruhest auch du ... Und am andern Morgen, siehe da, steht dein Haus noch immer! – Die Sonne scheint, der Wind hat gedreht, die Wolken ziehen über die Dächer der Stadt, und gesetzt den Fall, es wären wirklich böse Gesellen, gerade dann ist es nicht einfach, sie einfach hinauszuwerfen; nicht ratsam; denn solange du ihr Freund bist, werden sie wenigstens dich verschonen. Freundschaft ist immer das beste! Und wenn du an diesem Morgen hinaufgehst und sie zum Frühstück bitten willst, so ist das nicht Tücke, nicht Berechnung, sondern eines jener herzlichen Bedürfnisse, die man plötzlich hat und die man, wie du mit Recht sagst, nicht immer unterdrücken soll. Die Leiter zum Estrich ist bereits gezogen, die Türe offen, du mußt nicht einmal klopfen. Der Estrich, den du aus Rücksicht schon lange nicht mehr besucht hast, ist voll von den kleinen Fäßlein, und der eine, der Freund, der aus dem Gefängnis, steht eben an der Dachluke, hält den nassen Finger hinaus, um die Windrichtung festzustellen; der andere ist leider schon ausgegangen, komme aber wieder. Mit deinem Frühstück ist es also nichts. Er komme aber bestimmt im Laufe des Tages, sobald er, wie der Freund in seiner immer etwas scherzhaften Art sagt, die erforderliche Holzwolle beisammen habe. Holzwolle? Es fehlte nur noch, daß er von einer Zündschnur redete. Einen Augenblick bist du wieder etwas verwirrt, etwas betreten, was du allerdings nicht zeigen willst. Im Grunde, das weißt du, kann kein Mensch so frech sein, wie dieser sich den Anschein gibt, nur weil er meint, du fürchtest ihn. Ein für allemal entschlossen, dich nicht zu fürchten, entschlossen, deine Ruhe und deinen Frieden zu erhalten, tust du, als hättest du nichts gehört, und im übrigen, was das Frühstück betrifft, kann das ja auch ein geladenes sein. Deine freundschaftliche Geste ist schon als solche nicht wertlos. Vielleicht zum Abendbrot? Mit Vergnügen, sagt der Kauz, sofern sie Zeit hätten und nicht arbeiten müßten; das hänge vom Wind ab. Er ist wirklich ein Kauz. Und natürlich bist du nun nicht wenig neugierig, ob sie tatsächlich zum Abendessen kommen, ob sie deine Freundschaft überhaupt wollen. Vielleicht hättest du deine Freundschaft schon früher bekunden sollen. Aber lieber jetzt, sagst du, als zu spät! Mit Recht vermeidest du ein allzu besonderes, ein auffälliges Abendessen; immerhin holst du einen Wein aus dem Keller, um ihn für alle Fälle kühlzustellen. Leider kann man am Abend, als sie gegen neun Uhr endlich kommen, nicht mehr auf der Terrasse sitzen; es ist zu windig. Ob er Holzwolle gefunden habe? fragst du, um dem Gespräch bald eine persönliche Note zu geben. Holzwolle? sagt er und schaut den Freund an, wie man einen Verräter anschaut. Dann, Gott weiß warum, mußt du selber lachen, und schließlich lachen sie auch. Holzwolle, nein, Holzwolle habe er nicht gefunden, aber etwas anderes, Putzfäden aus einer Garage. Gefunden; daß das nichts anderes heißt als gestohlen, daran kannst du nicht zweifeln. Überhaupt haben sie sehr eigene Ansichten betreffend Recht und Unrecht. Nach der ersten Flasche, du hast den Wein nicht umsonst gekühlt, erzählst du, daß auch du schon Unrecht begangen hast. Da sie schweigen, erzählst du mehr und mehr, indem du, ihre Freundschaft ist es dir wert, die zweite Flasche entkorkst. Offensichtlich fühlen sie sich wie zu Hause; der Freund, der Frechere, dreht deinen Rundfunk an, um den Wetterbericht zu hören. Dann wünschen sie nur noch eines: Streichhölzer. Nichts wäre verfehlter, als wenn du jetzt wieder zusammenzucktest; auf Verdacht ist keine Freundschaft aufzubauen. Wozu Streichhölzer? Es gelingt dir, jedes beleidigende Zittern zu vermeiden und Zigaretten anzubieten, als ginge dir nichts durch den Kopf, und dann, das ist kein schlechter Einfall, bietest du Feuer mit deinem eignen Feuerzeug, das du nachher wieder in die Tasche steckst. Das Gespräch geht weiter, das heißt, sie hören zu, sehen dich an und trinken Wein. Dein ehrliches Geständnis, wieviel Unrecht du begangen hast, rührt sie nicht mehr, als es die Höflichkeit verlangt; überhaupt wirken sie sehr geistesabwesend. Eine dritte Flasche, die du schon zwischen den Knien hast, lehnen sie ab. Da du sie trotzdem öffnest, wirst du sie allein trinken müssen. Nur beim Abschied, als du gewisse Hoffnungen ausdrückst, daß die Menschen einander näherkommen und einander helfen, bitten sie dich nochmals um Streichhölzer. Ohne Zigaretten. Du sagst dir mit Recht, daß ein Brandstifter, ein wirklicher, besser ausgerüstet wäre, und gibst auch das, ein Heftlein mit gelben Streichhölzern, und

am andern Morgen, siehe da, bist du verkohlt und kannst
dich nicht einmal über deine Geschichte verwundern ...

(Frisch: Tagebuch 1946–1949. Frankfurt a. M.: Suhrkamp 1958. S. 243–249)

a. Die politische Situation zur Zeit der Tagebucheintragung

In der Vorrede zum »Tagebuch 1946–1949« heißt es:

»[...] der Leser täte diesem Buch einen großen Gefallen,
wenn er, nicht nach Laune und Zufall hin und her blätternd,
die zusammensetzende Folge achtete; die einzelnen Steine
eines Mosaiks, und als solches ist dieses Buch zumindest ge-
wollt, können sich allein kaum verantworten.«

Die »Burleske« steht undatiert zwischen Eintragungen zum
Januar und zum April 1948. Im Januar hielt sich Frisch in
Prag auf und notierte:

»Die Lage ist sehr verschärft. Noch streiten sie zusammen
auf den letzten Brücken persönlicher Freundschaft. Die öffentliche Diskussion von damals wäre kaum mehr möglich.«

Zurück in Zürich (»Café Odeon«) schrieb er dann:

»Umsturz in der Tschechoslowakei. Alles geht rasch. Wie
immer, wenn ein Kartenhaus zusammenfällt. Sorge um unsere Freunde. Dazu die Schadenfreude meiner Bekannten,
denen ich die Tschechoslowakei stets als Beispiel einer sozialistischen Demokratie vorgestellt habe; dazu der allgemeine
Dünkel: Das wäre bei uns halt nicht möglich.«

Es folgt eine Reminiszenz an einen Besuch im Konzentra-
tionslager Theresienstadt im März 1947. (Mehr als die ge-
zeigten Aschenurnen von Opfern hatten ihn damals die beiden Bilder von Benesch und Stalin beschäftigt.) Er habe
damals vergessen festzuhalten, was ihm nun (angesichts der
kommunistischen Machtergreifung) wieder eingefallen sei.
Es handelt sich um eine Beobachtung, die darauf schließen
läßt, daß eine ehemalige Zelle des Lagers zum Wiederge-
brauch ausgestattet worden war.
Es folgt die »Burleske«. Den Anstoß gab die selbstgefällige
Reaktion »Das wäre bei uns halt nicht möglich« auf die to-
tale Machtübernahme der Kommunisten in Prag. Was war
damals geschehen?

Das Frühjahr 1948 war weder der Anfang noch die Vollendung des kommunistischen Griffs nach der Macht in der Tschechoslowakei. Schon durch das ›Kaschauer Programm‹ vom 5. April 1945 sicherte sich die KPTsch ein Übergewicht in der ersten Nachkriegsregierung unter dem Sozialdemokraten Fierlinger. Bei den Wahlen zum verfassungsgebenden Parlament am 26. Mai 1946 errang die KP die meisten Sitze und besaß mit den Sozialdemokraten zusammen die absolute Mehrheit. Trotzdem zogen die Kommunisten eine ›Regierung der Nationalen Front‹ aller in Kaschau zugelassenen Parteien mit KP-Chef Gottwald an der Spitze vor. Gegen den Willen der Bürgerlichen wurde wie überall in Osteuropa eine Teilnahme am Marshall-Plan abgelehnt. Das Ende der Taktik der ›Nationalen Fronten‹ war gekommen. »Nach der Gründung des ›Kominform‹ im September 1947 wurde den kommunistischen Parteien zur Pflicht gemacht, die vollständige Kontrolle über den Staat zu erringen.« Der Versuch, die Sozialdemokraten in die KP einzuverleiben, wurde unternommen, gelang aber erst am 17. April 1949. So beschritt man mit der »Unterwanderung des Polizeiapparates durch eine bevorzugte Berücksichtigung von Kommunisten« bei Einstellungen (Innenminister Nosek war Kommunist) einen anderen Weg. Zwölf Minister traten aus Protest dagegen zurück. Staatspräsident Benesch konnte das Kabinett nicht auflösen, da es nach der Verfassung noch beschlußfähig war. Er »besaß jetzt, frühzeitig gealtert, krank und verängstigt, beeindruckt durch bald drohende, bald schmeichelnde Briefe und Vorsprachen der Kommunisten, nicht den Mut, offen Stellung zu beziehen. – Bei dem Risiko eines Bürgerkriegs oder einer durchaus möglichen sowjetischen Truppenintervention empfahl Benesch, die Krise durch Verhandlungen beizulegen.« Gottwald und seine Helfer nutzten die Zeit und agitierten erfolgreich. Um einen Generalstreik und Blutvergießen zu vermeiden, kapitulierte Benesch vor ihnen und bestätigte die neue Regierung Gottwalds, die aus zwölf Kommunisten und ebensovielen bürgerlichen Kollaboranten mit nur unbedeutenden Ressorts bestand. Der 25. Februar wurde damit zum ›Tag des Sieges‹ für die KPTsch. »Die Einführung eines kommunistischen Regimes in Prag war dabei nur die formelle Bestätigung der eigentlich bereits seit 1945 bestehenden Machtverhältnisse, denn innenpolitisch besaß die KPTsch seit drei Jahren den dominierenden Einfluß, und außenpolitisch hatte Moskau schon seit längerem die strikte Beachtung seiner Interessen zu sichern verstanden.« Außenminister Jan Masaryk wurde am 10. März unter dem Fenster seiner Wohnung im Czernin-Palais zerschmettert aufgefunden. Benesch zog sich »in einer Geste des Protests gegen die nicht zuletzt von ihm mitverursachte kommunistische Machtübernahme« auf einen Landsitz zurück, »bevor er einen leidlichen Anlaß fand, auf sein nunmehr einflußloses Amt zu verzichten«: seine Unterschriftsverweigerung für die einstimmig angenommene Verfassung vom 9. Mai, durch die das Land zur ›Volksdemokratischen Republik‹ wurde. Möglicherweise auf Intervention des russischen stellvertretenden Außenministers Sorin legte er am 7. Juni sein Präsidentenamt nieder. Einstimmig gewählter Nachfolger wurde Gottwald. Die längst eingeleitete Gleichschaltung wurde immer totaler. Beneschs Tod am 3. September »setzte den Schlußstrich unter eine Politik, deren Bilanz durchaus negativ zu werten ist: Persönliche Eitelkeit, Unnachgiebigkeit zum falschen Zeitpunkt [sic!], mangelnde politische Einsicht, fehlerhafte Kurzsichtigkeit, Verkennen politischer und historischer Gegebenheiten hatten trotz seines leuchtenden Intellekts seinem Lande zweimal den Bankrott nicht erspart. Der bevorzugte und erwählte Nachfolger Thomas Garrigue Masaryks hatte sich des großen Erbes nicht würdig erwiesen.«

> (Referiert nach J. K. Hoensch: Geschichte der tschechoslowakischen Republik 1918–1965. Stuttgart 1966; die Zitate ebd., S. 141–148)

b. Der Begriff der Burleske

›Burleske‹ läßt sich von ital. burla, ›Spott‹, ableiten. Als Gattung will sie »nicht nur Lachen erregen, sondern auch durch Spott lächerlich machen« (O. Bantel: Grundbegriffe der Literatur. Frankfurt a. M. ²1962. S. 10). »Die Stoffe sind meist aus dem täglichen Leben genommen und verspotten die Fehler des Alltagsmenschen. Die Form ist sehr drastisch witzig« (Brockhaus-Enzyklopädie). Götterburlesken findet man bei Homer, Lukian und im germanischen Heldenlied. In Italien gab es Volkspossen und Spottgedichte (versi burleschi), in Deutschland die Fastnachtsspiele, in Frankreich Travestien und Parodien antiker Vorbilder. Auch in Musik und Tanz wird diese Bezeichnung verwendet.

c. Der Stil von Frischs »Burleske«

In dem Du-Stil (kleingeschriebenes Du) der »Burleske« kommt zum Ausdruck:

»Der Tagebuchschreiber spricht zu sich selbst und zugleich zu einem direkt fixierten Leser.«

> (H. Rischbieter: Nachwort zu: Deutsches Theater der Gegenwart. Bd. 1. Hrsg. von K. Braun. Frankfurt a. M. 1967. S. 635)

»Einerseits bleibt die Distanz; denn dem Leser ist die bildhafte Erzählung über sich eine fremde Geschichte. Zugleich wird er aber durch das ›du‹ aus der Distanz herausgeholt. Er sieht gleich den Spiegelcharakter der Geschichte, erkennt, daß es seine eigene ist. Die in der Fabel sonst übliche Reihenfolge von Bild und Sache wird aufgehoben. Durch das ›du‹ verbinden sich Bild und Sache, distanziertes Betrachten und Beziehung auf den Leser vom ersten Satz der Erzählung.«

> (R. Dithmar: Fabeln, Parabeln und Gleichnisse. Beispiele didaktischer Literatur. München 1970. S. 18 f.)

d. Frischs »Burleske« und Max Mells »Apostelspiel«

Max Mells »Apostelspiel«, in der »Burleske« als Schlafpulverersatz genannt, kann als – in den entscheidenden Handlungszügen umgekehrtes – Grundmuster für Frischs Prosaskizze betrachtet werden.
Dieses Drama in paarweise gereimten Knittelversen, 1924 in Graz uraufgeführt, will ein »tröstliches Zeugnis in wildbewegter Zeit« sein (Prolog).[1] Es spielt »irgendwann« auf einem einsamen Alpenbauernhof, in dem ein alter Mann mit seiner 15jährigen Enkelin Magdalen lebt. Das fromme Mädchen, der Arbeit und der Bibellektüre hingegeben, hofft, ein-

1. Text in Bd. 1 der Werke Mells: »Prosa, Dramen, Verse«. München 1962. Am 26. November 1961 wurde »Das Apostelspiel« im Bayerischen Rundfunk in einer Funkeinrichtung gesendet. Mells Volksstück wurde häufig auf Laienbühnen aufgeführt. Interpretation von Günter Sturm in: L. Büttner, »Das europäische Drama von Ibsen bis Zuckmayer«. Frankfurt a. M. u. a. o. J. S. 125–148.

mal dem – wie sie glaubt – noch auf Erden wandelnden Christus oder wenigstens seinen Jüngern zu begegnen. Als es zwei finstere Gestalten zu dem abgelegenen Hof verschlägt – einer trägt »einen etwas abgenutzten Sportanzug«, der andere »einen russischen Militärmantel« –, hält sie diese – sie geben sich als Heilkundige namens Johannes und Petrus aus – für Apostel, und sie gehen zum Spaß darauf ein. Das Mädchen wünscht von ihnen die Erklärung unverstandener Bibelstellen, womit sich die beiden freilich schwertun. Im Laufe ihres Gesprächs mit Magdalen werden sie von deren kindlichem, starkem Glauben so bewegt, daß sie ihre Raub- und Mordpläne aufgeben und geläutert ihres Weges ziehen. Der Epilog des Großvaters schließt mit einem Hymnus an die Liebe, die zum Leben führe.

2. Der Hörspielentwurf (1949/50)

Im Herbst 1949 erhielt Max Frisch vom Radio Zürich einen Hörspielauftrag und lieferte seinen Entwurf »Die Brandstifter« am 6. Februar 1950 »als erste Etappe« des geplanten Hörspiels. Das acht Schreibmaschinenseiten Text umfassende unveröffentlichte Manuskript ist in drei Teile gegliedert:

      A. Die Fabel (5½ Textseiten)
      B. Die Form (½ Textseite)
      C. Die Figuren (2 Textseiten)

Das Spiel ist als »Bericht des Überlebenden« entworfen, der zu Beginn schildert, wo sich in der »gänzlich verkohlten Stadt« der Markt, das Rathaus, das Gericht, die Börse usw. einmal befanden. Das Leben der »vergangenen Stadt« entspreche mit dem Unterschied, daß es »aus der Ferne betrachtet ist«, dem »unserer Stadt«. Daß sie niedergebrannt ist – »man hätte es vermeiden können, meint der ›Überlebende‹, aber man hat es nicht«. Er läßt nun »die entscheidenden Szenen« spielen:

      Biedermann und der Unbekannte
      Biedermann und Ilsebill
      Biedermann im Estrich
      Das letzte Abendessen

»Die Stimme des Überlebenden« spricht »unmittelbar zum Hörer« und »geht überall hindurch, so wie der Evangelist im

Oratorium« – andererseits ist er auch der »Dialogpartner gegenüber Biedermann«, wo dieser »einsam« ist; er ist »ohne persönliches Profil« und »zeigt auf, wie es hat kommen können« – »durch eigene Aussage oder durch Spielenlassen der entscheidenden Szenen. Er predigt nicht, er erläutert«.

Mit dieser Hörspielvorstufe kommen zwei neue Personen ins Spiel. Zum einen Biedermanns Frau mit dem lächerlich altmodischen Namen Ilsebill (im Hörspiel: Babette). Sie erfährt von ihrem Mann (der Vorname kommt erst im Hörspiel hinzu) nichts über den Gast, bis sie ihn selbst entdeckt. Von ihr erfahren es Biedermanns Stammtischfreunde, was man als Versuch verstehen könnte, ihren Mann durch eine größere Zahl von Warnern zu veranlassen, den Fremden endlich fortzuschicken. Das ist nicht ihre einzige Gegenmaßnahme, denn sie holt einmal ihren Mann eigens vom Geschäft ab, um ihm das gefährliche Treiben der zwei Obdachlosen vor Augen zu führen. Die Warnungen seiner Frau sind ihm unbequem, so wartet er, bis sie außer Haus ist oder schickt sie sogar weg, wenn er mit den Fremden sprechen will.

Die zweite neue Figur ist der ›Überlebende‹, dem eine doppelte Funktion im Spiel zufallen soll. Er fungiert als Spielleiter, Berichterstatter, Registrator »ohne persönliches Profil« (hier denkt man natürlich an den ›Registrator‹ in Frischs Theaterstück »Biografie«, beim ›Überlebenden‹ an den ›Heutigen‹ in der ›Chinesischen Mauer«). Er schildert einleitend, wie die eingeäscherte Stadt einmal ausgesehen hat, ruft die Spielszenen ab und verbindet sie. Andererseits verkörpert er aber auch die »andere Stimme«, »die Stimme der Vernunft«, das Gewissen Biedermanns, vergleichbar mit dem ›Anderen‹ in Wolfgang Borcherts Hörspiel und Schauspiel »Draußen vor der Tür«. Ilsebill vertritt »die Stimme des Gefühls«. Beide warnen Biedermann, stellen Gegenfiguren dar und bringen retardierende Momente in die sonst so geradlinige Entwicklung des Spiels.

3. Das Hörspiel (1952/53)

Nachdem Frisch seine ›Ideenskizze‹ an Radio Zürich geschickt hatte, ließ er das Hörspielvorhaben zunächst ruhen. Nach seiner Amerikareise erhielt er im Sommer 1952 vom Bayerischen Rundfunk ein (großzügig dotiertes) Angebot zu einem Hörspielauftrag. Am 26. Januar 1953 sandte er »das bereinigte Manuskript« des fertigen Hörspiels »Herr Biedermann und die Brandstifter« gleichzeitig nach München und nach Zürich. Die Erstsendung brachte der Bayerische Rundfunk am 26. März 1953. Radio Zürich erhielt am 7. April ein zweites Manuskript mit Strichen des Autors (oder/und des Bayerischen Rundfunks?), wo es drei Monate nach der Bayerischen Ursendung ebenfalls inszeniert wurde, nicht ohne Bedauern, daß der finanzstarke deutsche Sender zuvorgekommen war. Eine dritte und vierte Produktion folgten im Nordwestdeutschen Rundfunk Köln 1955 und im Süddeutschen Rundfunk 1956. Wiederholungssendungen gab es bis 1964, in einer Zeit also, als längst Theateraufführungen und zwei Fernsehadaptionen bekannt waren.

Aus dem Interview des Autors mit Horst Bienek geht hervor, wie unbefangen und selbständig er an das Schreiben von Hörspielen heranging:

» B i e n e k : Sie haben Ihr erstes Hörspiel geschrieben, ohne vorher je eines gehört zu haben, sagten Sie einmal. Blieb das weiterhin so? Oder verfolgten Sie dann die Produktion Ihrer Kollegen? Was haben Sie überhaupt für Erfahrungen mit dem Hörspiel gemacht?

F r i s c h : Ich habe keinen Rundfunk. Ich bin ein schlechter Kollege. Dabei weiß auch ich, daß es dichterische Hörspiele gibt, und bewundere Günter Eich und andere. Vom Lesen. Ich ziehe, als Schreiber und als Zuhörer, das Theater vor: ich möchte das Publikum sehen, dabei sein beim Zusammenprall von Werk und Publikum. Das ist nicht alles, aber auch nicht das letzte, was mich am Theater verlockt: die unverborgene, sichtbare, öffentliche Konfrontation eines Werkes mit seiner Zeitgenossenschaft – auch wenn man kein Sophokles ist und die Leute im Parkett, ich weiß, keine Athener sind.«

(Bienek: Werkstattgespräche mit Schriftstellern.
München: Hanser 1962. Zitiert nach der dtv-
Ausgabe, Bd. 291, S. 33)

Im Programmheft zur Zürcher Uraufführung des Bühnenstücks schreibt Frisch, er habe die Prosa-»Burleske« »in provisorischer Weise ausgebeutet, als der Bayerische Rundfunk

sich als Mäzen meldete mit dem Auftrag zu einem ersten
Hörspiel«.

Zwei neue literarische Bezüge finden sich in der Hörspielfassung:

Auf seinen Landsmann Gottfried K e l l e r geht der im
Hörspiel vierzehnmal verwendete Name ›Seldwyla‹ zurück.
In der Einleitung zum ersten Band der Novellensammlung
»Die Leute von Seldwyla« (1856) heißt es bei Keller:

»Seldwyla bedeutet nach der älteren Sprache einen wonnigen
und sonnigen Ort, und so ist auch in der Tat die kleine Stadt
dieses Namens gelegen irgendwo in der Schweiz.« Das »Wahr-
zeichen und sonderbare Schicksal« der Stadt ist, »daß die
Gemeinde reich ist und die Bürgerschaft arm«. Die Seldwyler
»lassen, solange es geht, fremde Leute für sich arbeiten [...]
immer sind sie im ganzen zufrieden und munter, und wenn
je ein Schatten ihre Seele trübt, wenn etwa eine allzu hart-
näckige Geldklemme über der Stadt weilt, so vertreiben sie
sich die Zeit und ermuntern sich durch ihre große politische
Beweglichkeit, welche ein weiterer Charakterzug der Seldwyler ist«.
Der Vorrede zum zweiten Band (1874) entnimmt man, daß
es an der Zeit ist, in »den guten lustigen Tagen der Stadt
noch eine kleine Nachernte zu halten«, denn die Seldwyler
haben sich inzwischen verändert: »Es ist insonderlich die
überall verbreitete Spekulationsbetätigung in bekannten und
unbekannten Werten, welche den Seldwylern ein Feld er-
öffnet hat, das für sie wie seit Urbeginn geschaffen schien
und sie mit einem Schlage Tausenden von ernsthaften Ge-
schäftsleuten gleichstellte. [...] Dabei sind sie jedoch bereits
einsilbiger und trockener geworden; sie lachen weniger als
früher und finden fast keine Zeit mehr, auf Schwänke und
Lustbarkeiten zu sinnen.
Schon sammelt sich da und dort einiges Vermögen an [...].
Von der Politik sind sie beinahe ganz abgekommen, da sie
glauben, sie führe immer zum Kriegswesen; als angehende
Besitzlustige fürchten und hassen sie aber alle Kriegsmöglich-
keiten wie den baren Teufel.«

(Keller: Sämtliche Werke. Hrsg. von Clemens
Heselhaus. München ²1963. 2. Bd. S. 9–11 und
S. 252 f.)

Aus dem beschaulichen Seldwyla Gottfried Kellers ist bei Frisch »eine heutige Stadt geworden mit allem, was dazu gehört: mit Kinos, Trolleybus, Stadion, Verkehrspolizei, Kanalisation, Theater-Festspielen, Mangel an Parkplätzen usw.«.

In diesem Zusammenhang ist auch auf das Volksbuch »Die Schildbürger« oder »Das Lalebuch« (1597)[2] zu verweisen, dessen Streiche sprichwörtlich geworden sind. Man kann sogar eine Parallele zum »Biedermann« feststellen. Am Ende des Volksbuches, im 44. Kapitel, wird beschrieben, daß die »Lalen«, Bewohner des »Königreichs Utopien«, ihr Schloß und ihre Häuser anzünden, weil sie meinen, nicht anders einer Katze, des neuerworbenen »Maushunds«, habhaft werden zu können, die, wenn sie keine Mäuse mehr finde, zuerst das Vieh der »Lalen« und schließlich diese selbst verschlingen würde. Der Vergleichspunkt ist die sinnlose, selbstverschuldete Katastrophe. Wielands »Geschichte der Abderiten«[3] sei nur eben erwähnt.

Als Hintergrund für die Wendung im Hörspiel (Ansage 7) »Biedermann in uns selbst« ist auf das Buch des Schweizer Kulturphilosophen Max P i c a r d »Hitler in uns selbst« (1946) zu verweisen.

4. Das Bühnenstück (1958)

a. Entstehung

Im Programmheft zur Zürcher Uraufführung am 29. März 1958 teilt Frisch mit:

»1955 war Friedrich Dürrenmatt ein paar Tage in Männedorf, und wir amüsierten uns mit der Idee, daß er, die gleichen Darsteller einsetzend, ein Gegenstück zu diesem Biedermann machen sollte, ein Knechtling-Stück, wir blieben auf den Wegen stehen und schüttelten uns vor Lachen über seine Einfälle. Jeder hätte also seine Geschichte und seine Handschrift geliefert. Ich finde es schade, daß es nicht zustande gekommen ist.«

2. »Das Lalebuch«. Mit den Abweichungen des Schiltbürgerbuches. Hrsg. von S. Ertz. Reclams UB Nr. 6642/43.
3. C. M. Wieland: »Geschichte der Abderiten«. Reclams UB Nr. 331-34.

Frisch schrieb sein Theaterstück erst zwei Jahre später, nach Beendigung des Romans »Homo faber«:

»Der ›Biedermann‹ hat eine lustige Geschichte. Erschöpft vom ›Homo faber‹, der eben fertig war, fühlte ich mich nicht fähig, sogleich an das große Stück vom andorranischen Juden zu gehen. Auch hatte ich lange nicht für die Bühne geschrieben. Fingerübung war vonnöten. So nahm ich das Hörspiel, um zwei Monate lang meine Fingerübung zu machen, die dann über 70 deutsche und viele fremdsprachige Bühnen ging; ich habe nicht damit gerechnet, daß ich von diesem Haarölschwindler leben werde.«

(Bienek: Werkstattgespräche mit Schriftstellern. München: Hanser 1962. Zitiert nach der dtv-Ausgabe, Bd. 291, S. 32)

b. Der Untertitel

Bei der Formulierung des Untertitels wurde Frisch wahrscheinlich von Dürrenmatts paradoxem Untertitel zu »Romulus der Große« (1950; Neufassungen 1958 und 1964) angeregt, der sein Stück eine »Ungeschichtliche historische Komödie« nennt.

Mit dem Begriff des Lehrstücks bezieht sich Frisch auf Bertolt Brecht. Brecht verwandte ihn vor allem in seiner mittleren Schaffensperiode (vgl. z. B. »Der Ozeanflug – Radiolehrstück für Knaben und Mädchen«, 1928/29; »Das Badener Lehrstück vom Einverständnis«, 1929; »Die Maßnahme – Lehrstück«, 1929/30; »Die Ausnahme und die Regel – Lehrstück«, 1929/30). In »Brecht als Klassiker« stellt Frisch sein Vorbild selbst heraus:

»Man lese die ›Maßnahme‹: ein Lehrstück kommunistischer Parteidoktrin, nachgerade bekannt; aber was bleibt: das Grundmuster des modernen Theaters. Thornton Wilder gibt ja als Revolutionär, vor diesem literarischen Dokument enthüllt sich seine glorreiche Nachahmung.«

(Die Weltwoche, Zürich, 1. Juli 1955)

Manfred D u r z a k erläutert dazu:

»Wenn das Stück sich im Untertitel demonstrativ ein ›Lehrstück ohne Lehre‹ nennt, so widerspricht das keineswegs einer solchen didaktischen Nutzanwendung, die das Beispiel Biedermanns provoziert. Lehre bedeutet hier allerdings nur Einsicht in die Situation und – im Unterschied zu Brecht, dessen formale Mittel Frisch hier reichhaltig verwendet – keine bestimmte, inhaltlich festgelegte Deutung der Wirklichkeit.«

(Durzak: Dürrenmatt, Frisch,
Weiss. Stuttgart 1972. S. 214)

In seinem Briefwechsel mit Walter Höllerer schreibt Frisch:

»Die Parabel tendiert zum Quod erat demonstrandum, sie impliziert Lehre, unweigerlich wird sie didaktisch. Da hilft es nichts, wenn ich im Untertitel schreibe: Ein Lehrstück ohne Lehre. Das signalisiert höchstens, daß es mir nicht eigentlich um die Lehre geht, nicht in erster Linie, vielleicht überhaupt nicht – vielleicht habe ich die Parabel nur gewählt, um dem Imitier-Theater zu entgehen [...] die Parabel geht meistens auf. Hang zum Sinn. Sie gibt sich gültig, indem sie zugleich vage bleibt. Die Parabel, indem sie zur Lehre nötigt, verbaut mich, und schließlich [...] bin ich ein Egomane, ich schreibe nicht, um zu lehren, sondern um meine Verfassung auszukundschaften durch Darstellung . . .«.

(Frisch: Dramaturgisches. Ein Briefwechsel mit
Walter Höllerer. Berlin: Literarisches Collo-
quium 1969. S. 18 f.)

c. Der Chor

Die auffallendste Neuerung gegenüber dem Hörspiel ist die Einführung eines Chors der Feuerwehrmänner. Er übernimmt die Funktionen, die in der Hörspielskizze »der Überlebende«, im Hörspiel »der Verfasser«, in der Bremer Fernsehfassung ein Sprecher (Interviewer) innehaben. Vor Frisch hatte schon Dürrenmatt in seiner »tragischen Komödie« »Der Besuch der alten Dame« (Uraufführung am 29. Januar 1956 in Zürich) Chorverse ironisch verwendet, um als Stückschluß von zwei Chören aus Güllener Bürgern ein ›Welt-Happy-end‹ besingen zu lassen. Frisch nannte den »Besuch der alten Dame« »das größte Stück deutscher Sprache seit Brecht« (»Öffentlichkeit als Partner«, S. 77) und betonte einmal:

»Im Ernst, ich glaube, ich hätte meinen ›Biedermann‹ nicht

geschrieben, wenn ich meinen Freund nicht so herzlich beneiden könnte wie zurzeit keinen andern.«

(Bienek: Werkstattgespräche mit Schriftstellern. München: Hanser 1962. Zitiert nach der dtv-Ausgabe, Bd. 291, S. 32)

Angeregt wurde Frisch also wahrscheinlich durch Dürrenmatt. Der folgende Textvergleich zeigt jedoch, daß Frisch mit seinen Choreinlagen an eine Tradition anknüpft, die sich bis zum Antigone-Drama des Sophokles zurückverfolgen läßt.

Sophokles, »Antigone«:
Chor: πολλὰ τὰ δεινὰ κοὐδὲν ἄν-   (Chorjambus)
θρώπου δεινότερον πέλει.   (Glyconeus)

Hölderlin, »Antigonae«:
Chor der Thebanischen Alten:
          Ungeheuer ist viel. Doch nichts
          Ungeheurer, als der Mensch.

Brecht, »Die Antigone des Sophokles« (nach der Hölderlinschen Übertragung für die Bühne bearbeitet):
Die Alten:
Ungeheuer ist viel. Doch nichts
Ungeheurer als der Mensch.

Dürrenmatt, »Der Besuch der alten Dame«:
Chor I: Ungeheuer ist viel
          Gewaltige Erdbeben
          Feuerspeiende Berge, Fluten des Meeres
          Kriege auch, Panzer durch Kornfelder
          rasselnd
          Der sonnenhafte Pilz der Atombombe.
Chor II: Doch nichts ungeheurer als die
          Armut
          Die nämlich kennt kein Abenteuer
          Trostlos umfängt sie das Menschengeschlecht
          Reiht
          Öde Tage an öden Tag.

Frisch, »Biedermann und die Brandstifter«:
Chorführer: Feuergefährlich ist viel,
          Aber nicht alles, was feuert, ist Schicksal
          Unabwendbares.

Chor: Anderes nämlich, Schicksal genannt,
      Daß du nicht fragest, wie's kommt,
      Städtevernichtendes auch, Ungeheures,
      Ist Unfug.
Chorführer: Menschlicher
Chor: Allzumenschlicher
Chorführer: Tilgend das sterbliche Bürgergeschlecht.

Frisch selbst setzt den Chor seines Stückes in Beziehung zum Chor des antiken Dramas:

»Der Chor ist nicht parodistisch gemeint, nur komisch. Der antike Chor, der die Stadt (und insofern den Zuschauer) vertritt und auf der Bühne wacht, beschwichtigt und warnt, ohne wirklich eingreifen zu können, wenn Kreon sich blindlings ins Unheil begibt, hat mich immer an die brave Feuerwehr erinnert, die auch nichts machen kann, bevor's brennt, und dann ist es ja – in der Tragödie und heute – zu spät.«

(Programmheft der Zürcher Uraufführung 1957/58, H. 14)

Über den antiken Chor vgl. H. Schauer u. U. Gauwerky: »Chor«. In: »Reallexikon der deutschen Literaturgeschichte«. 1. Bd. Berlin ²1958.

S c h i l l e r , der in der »Braut von Messina« den antiken Chor zu erneuern versuchte, schreibt über die Funktion des Chors:

»Und dieses leistet nun der Chor in der Tragödie. Der Chor ist selbst kein Individuum, sondern ein allgemeiner Begriff; aber dieser Begriff repräsentiert sich durch eine sinnlich mächtige Masse, welche durch ihre ausfüllende Gegenwart den Sinnen imponiert. Der Chor verläßt den engen Kreis der Handlung, um sich über Vergangenes und Künftiges, über ferne Zeiten und Völker, über das Menschliche überhaupt zu verbreiten, um die großen Resultate des Lebens zu ziehen und die Lehren der Weisheit auszusprechen. [. . .]
Der Chor *reinigt* also das tragische Gedicht, indem er die Reflexion von der Handlung absondert und eben durch diese Absonderung sie selbst mit poetischer Kraft ausrüstet [. . .].
So wie der Chor in die Sprache *Leben* bringt, so bringt er *Ruhe* in die Handlung – aber die schöne und hohe Ruhe, die der Charakter eines edlen Kunstwerkes sein muß. Denn das Gemüt des Zuschauers soll auch in der heftigsten Passion

seine Freiheit behalten; es soll kein Raub der Eindrücke sein, sondern sich immer klar und heiter von den Rührungen scheiden, die es erleidet. Was das gemeine Urteil an dem Chor zu tadeln pflegt, daß er die Täuschung aufhebe, daß er die Gewalt der Affekte breche, das gereicht ihm zu seiner höchsten Empfehlung, denn ebendiese blinde Gewalt der Affekte ist es, die der wahre Künstler vermeidet, diese Täuschung ist es, die er zu erregen verschmäht.«

(Schiller: Über den Gebrauch des Chors in der Tragödie. Stuttgart: Reclams UB 60. S. 10 f.)

Zur Funktion des Chors in »Biedermann und die Brandstifter« gibt Manfred D u r z a k die folgende Interpretation:

»Die zwischen die einzelnen Szenen eingefügten Choreinlagen [...] erhalten am Ende der dritten Szene eine neue Funktion. Die Handlungsebene und die Reflexionsebene, auf der einmal Biedermann und die beiden Brandstifter und zum andern der Chor agieren, überschneiden sich am Ende der dritten Szene, indem es zum Dialog zwischen Biedermann und dem Chor kommt. Die Choreinlagen lassen sich generell durchaus im Brechtschen Sinne als Verfremdung auffassen, da die Handlungsfiktion durch Erklärungen unterbrochen wird. Als Vehikel der Reflexion führt sich der Chor bereits zu Beginn der ersten Szene ein. Wenn es heißt: ›Feuergefährlich ist viel, / Aber nicht alles, was feuert, ist Schicksal, / Unabwendbares‹ und der ›Blödsinn‹ geradezu als Äquivalent des antiken Schicksals in der zeitgenössischen Wirklichkeit hervorgehoben wird, so ist es gerade die Mißachtung des Satzes: ›Viel kann vermeiden Vernunft‹, was am Beispiel Biedermanns seine allmähliche Selbstauslieferung an die Brandstifter begründet.
Am Ende der dritten Szene wird in der Choreinlage Biedermanns Verhalten direkt reflektiert. Der Chor stellt die Frage, warum Biedermann die ›Zeichen des Unheils‹ nicht zeitig genug erkennt, warum er blind ist für die Gefahr, die sich unter seinem Dach befindet. Wenn in der Handlung des Stückes Biedermanns moralische Verschuldung als Motivation dafür erscheint, so ist es dem Resümee des Chors zufolge die mangelnde Reflexion Biedermanns, die daran beteiligt ist. Reflexionslosigkeit wird geradezu zur Definition seines Zustandes. [...]

Der Dialog zwischen Biedermann und dem Chor, von Frisch
exakt in der Mitte des Stückes angelegt, stellt auch von der
Funktion dieser Reflexionsszene her die Achse des Stückes
dar. Die Reflexion des Chores, der bisher das Geschehen
lediglich paraphrasierte, richtet sich hier unmittelbar an den
Hauptakteur, den zur Passivität verdammten Biedermann,
der seine Angst und sein Schuldgefühl unter Rhetorik ver-
gräbt und dessen Nichthandeln in seinem Nichtdenken besteht. Denn genau darauf deuten die Schlußverse des Chores
an dieser Stelle hin: ›Der die Verwandlungen scheut / Mehr
als das Unheil, / Was kann er tun / Wider das Unheil?‹
[...]
Der Schlußgesang des Chores [...] erweitert sich zum Kommentar über das Stück: ›Sinnlos ist viel, und nichts / Sinn-
loser als diese Geschichte: / Die nämlich einmal entfacht, /
Tötete viele, ach, aber nicht alle / Und änderte gar nichts.‹
Die Sinnlosigkeit, die hier bekundet wird, richtet sich nicht
gegen die Geschichte schlechthin, sondern gegen diese Geschichte, d. h. gegen das Geschehen, das in der Parabel exemplifiziert ist: Sinnlosigkeit, die darin besteht, daß sich nichts
änderte. Das läßt sich, wenn man diese Sätze wörtlich nimmt,
als Zurücknahme der Brechtschen These deuten, die ja gerade Veränderung intendiert. Aber auf Veränderung zielt
auch Frisch im Grunde hin, er tut es indirekt. Indem er so
prononciert die Sinnlosigkeit dieser bestimmten Geschichte
akzentuiert, macht er mittelbar auf den möglichen Sinn von
Geschichte aufmerksam. Der Chor selbst fungiert ja als
Sprachrohr der Veränderung und appelliert geradezu an die
Vernunft und die Wandlungsfähigkeit des Menschen.«

(Durzak: Dürrenmatt, Frisch, Weiss.
Stuttgart 1972. S. 213–218)

d. Der gedruckte Text

Alle Drucke des Bühnenstücks beruhen auf der Frankfurter
Fassung. Aus diesem Grunde ist ein Vergleich mit der Fassung, welche die Züricher Uraufführung bot, nicht möglich.
Zum Text der Frankfurter Fassung teilt Siegfried U n s e l d
im Programmheft zur Frankfurter Aufführung vom 28. September 1958 mit:

»Frisch hat nach der Zürcher Uraufführung den Text abermals überprüft, an den Fassungen der Chöre gearbeitet und dann im August 1958 das ›Nachspiel‹ zum Biedermann abgeschlossen.«

5. Das Nachspiel (1958)

Bei der Züricher Uraufführung war dem »Biedermann« der kürzere, später kaum noch aufgeführte Schwank »Die große Wut des Philipp Hotz« gefolgt, »um den Zuschauer nicht zu entlassen mit Detonationen«, wie der Autor im Programmheft erklärte.

»Viele Rezensenten der Uraufführung sahen [...] in der Koppelung beider Stücke eine parodistische Wiederaufnahme der antiken Tradition, auf die Tragödie das Satyrspiel folgen zu lassen.«

(H. Karasek: Max Frisch. Velber bei Hannover: Friedrich ³1969. S. 77)

Für die deutsche Erstinszenierung (die erste Aufführung in der Bundesrepublik bot das Züricher Ensemble als Gastspiel bei den Ruhrfestspielen in Recklinghausen am 28. und 29. Juni 1958) unter Harry Buckwitz schrieb Frisch das Nachspiel, offenbar, weil sich das Zweigespann ›Biedermann und Hotz‹ als nicht harmonisch genug erwies. »Biedermann« allein war aber nicht ›abendfüllend‹:

»Das Frankfurter Schauspielhaus wollte [...] den ›Biedermann‹ nicht zusammen mit ›Philipp Hotz‹ aufführen. Andererseits hatte man da und dort auch keine guten Erfahrungen gemacht, wenn man neben dem ›Biedermann‹ das Stück eines anderen Autors, etwa Ionescos, spielte. [...] Heute wird der ›Biedermann‹ vom Autor nur noch als alleiniges Stück oder zusammen mit diesem Nachspiel zur Aufführung freigegeben.«

(E. Stäuble: Max Frisch. St. Gallen: Erker ³1967. S. 120)

In den Anmerkungen zur Ausgabe der »Stücke« schreibt Frisch:

»Das Nachspiel, später als das Original verfaßt, war besonders für deutsche Aufführungen bestimmt; die Erfahrung hat den Verfasser belehrt, daß das Stück auch ohne Nachspiel aufgeführt werden kann.«

(Frisch: Stücke. 2. Bd. Frankfurt a. M.: Suhrkamp 1962. S. 322)

Dazu teilte der Suhrkamp Verlag 1973 dem Herausgeber mit, daß Frisch eine Aufführung des Nachspiels nicht mehr wünscht, da sie nicht nur überflüssig ist, sondern sogar schädlich sein kann, indem sie »das Problem auf ein bestimmtes geschichtliches Beispiel reduziert«. Folglich wird auch in der Textausgabe der ›edition suhrkamp‹ das Nachspiel seit 1973 nicht mehr mit abgedruckt.

6. Die Fernsehfassung (1958)

Von der unter Fritz Schröder-Jahn beim Norddeutschen Rundfunk hergestellten ersten Fernsehausstrahlung des »Biedermann« ist kein Drehbuch mehr aufzufinden. Die Filmrolle existiert noch; die letzte Wiedergabe erfolgte am 5. März 1969 durch den Bayerischen Rundfunk. Die Erstsendung strahlte Hamburg am 22. Mai 1958 aus, zwei Monate nach der Zürcher Uraufführung und vor der Frankfurter Inszenierung. Man darf also vermuten, daß es sich um eine der Zürcher Fassung ähnliche Textgrundlage handelte (mit Chor?). Das ist alles, was zur Zeit über diese Adaption mitgeteilt werden kann.

7. Die Fernsehfassung in schweizerdeutscher Mundart (1963)

Bei der am 24. November 1963 erfolgten Erstausstrahlung u. d. T. »Biedermaa u d' Brandstifter – Es Lehrstück ohni Lehr vom Max Frisch« durch das Fernsehen der deutschen und der rätoromanischen Schweiz (Zürich) handelt es sich um eine vom Fernsehen übertragene Bühnenaufführung (wahrscheinlich Non-Live). Das Textbuch enthält nur Regieanweisungen für die Bühne, keine für die Kameraführung usw. Die Bearbeitung stammt nicht vom Autor selbst, sondern von einem Kollektiv; der Text stimmt im wesentlichen mit der Bühnenfassung (ohne Nachspiel) überein.

Besondere Beachtung verdienen die mundartlichen Redens-
arten, die anstelle der hochsprachlichen Wendungen im Text
zu finden sind. Einige Beispiele:

hochsprachlicher Text:	schweizerdeutscher Text:
(Vorspiel):	
das ist ja widerlich.	zum Gögge so öppis.
Szene 1:	
Gott hab ihn selig!	Däm tüe Zäng nümme weh!
ein großes Maul verreißt.	e grossi Röhre füehrt.
Ich bin ja zu Tod erschrok- ken!	I bi schuderhaft erschlüpft!
Szene 2:	

diesem Knechtling werde ich
    die Kehle schon um-
    drehn.
	Däm Chnächtli will i d's
	    'Gurgeli scho fiege.

Szene 4:	

mich können Sie nicht ins
    Bockshorn jagen.
	mi chöit dr ja nid für ne
	    Löhl ha.

Szene 6:	
Laß dich nicht foppen, Ba- bette!	Lah di nid für ne Löel ha, Babettli!
Spießer.	Füdli.

Zum Vergleich hier noch die Chorpartien des Vorspiels:

C h o r.	
Bürger der Vaterstadt, seht	Bürger vo üser Stadt
Wächter der Vaterstadt uns,	Gseht dihr üs Wächter
Spähend,	Sperbere
Horchend,	Lose

Freundlichgesinnte dem
    freundlichen Bürger –
	Fründlech zum fründleche
	    Bürger.

C h o r f ü h r e r.	
Der uns ja schließlich be- zahlt.	Dä is z'letschtamänd zahlt!
C h o r.	
Trefflichgerüstete	Guet usgrüschtet
Wandeln wir um euer Haus,	Göh mer um euers Hus
Wachsam und arglos zugleich.	Muetig und bider i eim.

Chorführer.

Manchmal auch setzen wir uns,	Mängisch hocke mer ab.
Ohne zu schlafen jedoch, unermüdlich	Aber nüt isch vo schlafe und müed wärde mer nie.

Chor.

Spähend,	Sperbere,
Horchend,	Lose,
Daß sich enthülle Verhülltes,	Ob öppis im gheime,
Eh' es zum Löschen zu spät ist,	Bevor es zum Löschen isch z'spät
Feuergefährliches.	Fürgföhrlechs!

(Eine Turmuhr schlägt halb.)

Chorführer.

Feuergefährlich ist viel,	Füürgfährlich isch viel.
Aber nicht alles, was feuert, ist Schicksal,	Aber nid alles wo brönnt isch Schicksal
Unabwendbares.	Wo d' ihm ertrünne nid channsch.

Chor.

Anderes nämlich, Schicksal genannt,	Das andere nämlech, wo men ihm Schicksal seit,
Daß du nicht fragest, wie's kommt,	Wo du nid fragisch, wie's chunnt,
Städtevernichtendes auch, Ungeheueres,	Wo Stedt vernichtet, Unghüürs,
Ist Unfug,	Isch Ungfell.

Chorführer.

Menschlicher,	Du, mönschlech.

Chor.

Allzumenschlicher,	Viel z'mönschlech.

Chorführer.

Tilgend das sterbliche Bürgergeschlecht.	Machsch Schluss mit däm stärbleche Bürgergschlächt!

(Eine Turmuhr schlägt: drei Viertel.)

Chor.

Viel kann vermeiden Vernunft.	Vil cha vermyde d'Vernunft,

Chorführer.

Wahrlich: 'isch wahr.

Chor.

Nimmer verdient es der Gott,	Nie verdienet's der Herrgott,
Nimmer der Mensch,	Nie der Mönsch,
Denn der, achtet er Menschliches so,	Will dä, wenn er ds Mönschlechen achte
Nimmer verdient er den Namen	Nie verdienet der Name
Und nimmer die göttliche Erde,	Und nie d' Aerde, erschaffe vo Gott,
Die unerschöpfliche,	Die Unerschöpflech
Fruchtbar und gnädig dem Menschen,	Fruchtbar und gnädig dem Mönsch,
Und nimmer die Luft, die er atmet,	Und nie d'Luft wo er schnuufet
Und nimmer die Sonne –	Und nie d'Sunne – – – – –
Nimmer verdient,	Nie und nimmer
Schicksal zu heißen, bloß weil er geschehen:	Darf me Schicksal däm säge, nume will er passiert isch:
Der Blödsinn,	der Blödsinn,
Der nimmerzulöschende einst!	Wo sit je und eh nid z'löschen isch.

(Die Turmuhr schlägt: vier Viertel.)

Chorführer.

Unsere Wache hat begonnen.   Uesi Wach faht a!

8. Die Bremer Fernsehfassung (1966)

Die Produktionszeit dauerte vom 21. November bis zum 20. Dezember 1966. Die Erstausstrahlung erfolgte am 16. April 1967 durch Radio Bremen. Das Manuskript liegt im Archiv von Radio Bremen.

Für diese Fassung hat der Autor den Chor durch einen »Sprecher« (Interviewer) ersetzt, für den natürlich ein neuer Text nötig war. Der Regisseur Rainer Wolffhardt assistierte ihm bei der Umarbeitung. Im Drehbuch sind Angaben darüber, welches der beiden verwendeten Studios jeweils benötigt wird, über die Kameraeinstellung, über die Helligkeit (Tag/

Nacht), über die Schnitte und die üblichen Regieanweisungen enthalten.

Nach der Ansage (keine direkte Ansage, keine Anfangstitel):

»... und nun sehen Sie innerhalb der Sendereihe ›Der unbekannte Zeitgenosse‹ ein Interview mit Herrn Biedermann.«

folgen Szenen, die im Drehbuch mit »1. Bild« bis »28. Bild« überschrieben sind.

In »Studio I« sieht es so aus:

1. Bild

Studio I   Innen/Tag

(Andeutung einer Interview-Dekoration)

An einem kleinen Tisch sitzen
einander gegenüber Biedermann
und der Sprecher. Auf dem Tisch
ein Aschenbecher, sowie einige
Fotos von Biedermanns Haus,
an der Wand hinter Biedermann
ein Minimax-Feuerlöscher. Hinter dem Sprecher eine Normaluhr. Zwischen Biedermann und
dem Sprecher ein Studiomonitor
auf einem Stativ.

Die Spielszenen werden vom Sprecher als bewußte Rückblende vom Monitor abgerufen. Da das Ganze als Interview aufgebaut ist, muß man die Rückblenden als Unterbrechungen und Einschaltungen in das Hauptkontinuum Interview ansehen, was eine Umpolung des Schauspielduktus bedeutet. (Kommentare unterbrechen dort das Spiel, das aktuell abläuft und alle sonstigen Elemente in sich aufnimmt.)

Allerdings überwiegen rein mengenmäßig auch in der Fernsehfassung die Spielszenen (18) gegenüber den Reporterszenen (10).

Das Spiel im Fernsehen wird als Teil einer fingierten Sendereihe angesagt, und der Zuschauer, der die Programmzeitschrift nicht vorher gelesen hat und das Spiel nicht kennt, wird erst nach und nach dahinterkommen, daß hier von Anfang bis Ende gespielt wird.

Als Sprecher wurde ein ganz waschechter Fernsehjournalist

engagiert: Hermann Rockmann, Chefreporter des NDR. Das
mag diejenigen, die in dem Sprecher den echten Reporter
erkannten, zunächst an Realität glauben gemacht haben.
Der Text entspricht – abgesehen von den Reporter- bzw.
Chorszenen – im wesentlichen dem der Bühnenfassung. Ei-
nen Akademiker gibt es in der Fernsehfassung nicht mehr.
Dem visuellen Medium entsprechend wird mehr gezeigt, das
Interieur der Villa Biedermann ist im Drehbuch beschrieben:
»Das Haus ist relativ neu, aber in einer merkwürdigen Mischung von Konvention und mißverstandener Moderne ein-
gerichtet.« Am Ende dankt der Reporter Herrn Biedermann.
Auf dem Monitor sieht man Biedermanns in ihrem brennen-
den Haus. Die Kamera zeigt aber auch eine Zündschnur im
Studio, die zu mehreren Benzinkanistern führt. Ein entsetz-
ter Kameramann kommt ins Bild, die Kamera macht einen
Ruck, so daß der Sprecher, der auf die nächste Sendung (der
angeblichen Sendereihe »Der unbekannte Zeitgenosse«) hinweisen will, schräg ins Bild gerät. Das Studio fängt zu bren-
nen an, der Kameramann verläßt fluchtartig den Raum.

Max Frisch wurde über die Bremer Fernsehfassung interviewt. Auf die Frage, ob sich der »Biedermann« überhaupt
für den Bildschirm eigne, antwortete er:

»›Oh, ja. Das Stück habe ich eigens für das Fernsehen umge-
wandelt, es eignet sich schon deshalb, weil wenig Figuren
vorkommen, die noch dazu immer in der gleichen Szenerie
spielen.‹
Max Frisch ergänzte, daß der Regisseur deshalb gerügt worden war, weil er den ›Biedermann‹ eigenmächtig umgear-
beitet habe. ›Die Rüge war fehl am Platz, denn wir hatten
das Stück zusammen geändert. Statt der Chöre wurde ein
Interview eingesetzt, in dem Herr Biedermann nach der
Brandkatastrophe zu seinem eigenen Schicksal Stellung
nimmt.‹«

(tsch. U. a. in: Westfälische Nachrichten,
Münster, 31. Oktober 1968)

III. Wirkungsgeschichte in Zahlen

1. Buch und Bühne

Nach Auskunft des Suhrkamp Verlags wurde das Stück bis Frühjahr 1970 von über 150 Bühnen in rund 30 Ländern und in mehr als 20 Sprachen aufgeführt.

Das Züricher Uraufführungsensemble spielte das Stück 1958 insgesamt 34mal (mit Gastspielen in der Schweiz, in Brüssel, Paris, Recklinghausen [Ruhrfestspiele], Wien [Festwochen]).

Zum Vergleich: »Andorra« (Uraufführung am 2. Januar 1961) wurde in Zürich 38mal gegeben; »Don Juan oder Die Liebe zur Geometrie« (Uraufführung am 5. Mai 1953 gleichzeitig in Zürich und Berlin) in Zürich 15mal.

In der ersten deutschen Inszenierung (mit der Uraufführung des »Nachspiels«) in Frankfurt gab man den »Biedermann« 26mal. Als Beispiel für die Beliebtheit des Stücks auf kleinen, privaten Bühnen sei das Karlsruher Theater »Die Insel« genannt, die bis März 1972 60 Aufführungen geboten hat.

Deutschsprachige Inszenierungen 1958–69

Schweiz	8
BRD	63
DDR	11
Österreich	11
insgesamt	93

Fremdsprachige Inszenierungen 1958–69

insgesamt	59

in fast allen europäischen Ländern (auch des Ostblocks), außerdem in Israel, Nord- und Südamerika und in Südafrika.

Buchausgaben: Die deutsche Taschenbuchausgabe des Suhrkamp Verlags erschien 1973 in 14. Auflage im 417. Tausend (1.–13. Aufl. mit dem Nachspiel, von 14. Aufl. ab ohne Nachspiel). Hinzu kommen zahlreiche weitere Drucke (vgl. die Literaturhinweise).

Fremdsprachige Ausgaben erschienen u. a. in Argentinien (1965), Dänemark (1961), Frankreich (1958/1961), Großbritannien (1962), Italien (1962), Rumänien (1961), Schweden (1964), UdSSR (1961), Ungarn (1960), USA (1963).

2. Fernsehinszenierungen

Sendung[1]	Fernsehanstalt	Sehbeteiligung	Index
22. 5. 1958	NDR	67 %	− 1
16. 5. 1961	NDR	35 %	± 0
16. 4. 1967	RB	37 %	− 3
1. 11. 1968	RB	7 %	± 0

Zum Vergleich:

Ionesco, »Die Nashörner«[2]

2. 3. 1961	SWF	69 %	− 4

Dürrenmatt, »Der Richter und sein Henker«[3]

7. 9. 1957		81 %	+ 7

Das »Zeitmagazin« Nr. 50 vom 15. Dezember 1972 bringt folgende Übersicht:

Bestseller des Fernsehens[4]

Mainz –				
wie es singt und lacht	1964	ARD	89 %	+ 8
Peter Alexander				
präsentiert Spezialitäten	1971	ZDF	78 %	+ 8
Liebe Verwandtschaft	1963	ARD	84 %	+ 7
Mainz –				
wie es singt und lacht	1965	ARD	84 %	+ 7
Peter Alexander präsentiert				
Spezialitäten	1971	ZDF	77 %	+ 8
Die Gentlemen				
bitten zur Kasse	1966	ARD	83 %	+ 7

1. Infratestergebnisse lt. Mitteilung der ARD-Programmdirektion München.
2. nach: »Zehn Jahre Fernsehen in Deutschland«. Hrsg. von G. Eckert u. F. Niehus. Frankfurt a. M. 1963. S. 174 ff.
3. nach: G. Eckert, »Knaurs Fernsehbuch«. München 1961. S. 355.
4. Dieser Seller-Teller erhebt keinen Anspruch auf Vollständigkeit. Sehbeteiligung (in %) und Bewertung beruhen auf den Umfrageergebnissen von infratest/infraton. Die Rangfolge bester und schlechtester Noten richtet sich nach einer Kombination von Sehbeteiligung und Bewertung.

Sendungen mit den besten Noten

Expeditionen ins Tierreich	1968	ARD	32 %	+ 9
Box-WM: Liston – Clay	1964	ARD	26 %	+ 9
Menschen auf dem Mond	1969	ARD	23 %	+ 9

Sendungen mit den schlechtesten Noten

Marsmenschen	1963	ARD	36 %	– 6
Aufstieg und Fall der Stadt Mahagonny	1963	ARD	35 %	– 6
Mike Blaubart	1968	ARD	24 %	– 6

IV. Beobachtungen und Stellungnahmen

1. Zum Hörspiel

»Ob sich Technik und geistiger Gehalt in der Hörburleske von Max Frisch [...] die Waage halten? Bei so viel raffinierter Technik ist dies kaum möglich. Erzählung und Wirklichkeit, Abfassung und Darbietung des Werkes vermengend entwickelt sich das Stück in gleichmäßiger, sanfter Spannung, in Ernst und Scherz, wie bei den Schildbürgern, und wie bei ihnen geht am Schluß alles in Flammen auf. Die Satire auf satte, selbst gerechte Bürgerlichkeit ist glänzend.«

(N. N. In: Tages-Anzeiger für Stadt
und Kanton Zürich, 6. Juli 1953)

»›Herr Biedermann und die Brandstifter‹ aber ist nahezu ein Modellfall für die Möglichkeiten des Hörspiels: denn hier ist wirklich alles da an Beherrschung der Mittel, die aber nicht technischen Effektes wegen eingesetzt werden, sondern um der geistigen Realitäten willen, mit denen der Dichter es zu tun hat. Herr Biedermann selber ist ein ›Modell‹. [...] Er ist der durchschnittliche Spießer, der seine Ruhe haben will [...] Max Frisch handhabt seine Mittel: rednerische Darstellung, literarische und Hörspieleffekte (wie die eingeschalteten Gespräche zwischen dem Verfasser und seinem Geschöpf, Herrn Biedermann, dann wiederum die Ansprachen des Verfassers an das Publikum) mit einer solchen Souveränität und Wirkungskraft, daß man hier wohl einmal von einem durchaus gelungenen funkischen ›Surrealismus‹ reden darf. Die ›Moral‹ von der Geschichte dürfte wohl keiner der Hörer *nicht* verstanden haben; doch sei sie, um alle Unklarheiten zu vermeiden, ausdrücklich formuliert: zum Leben, heute und in dieser Welt, in der niemand aus sich allein und für sich allein da ist, genügt es nicht, in der Sofaecke sitzen zu bleiben und sein ›Gewissen‹ zu pflegen! Es könnte sein, daß dabei allerhand ins eigene Haus gerät, was Sofa und Gemütlichkeit in die Luft befördert.«

(hb. In: Funk-Korrespondenz, 2. Februar 1955)

»Man kann nicht sagen, daß Max Frisch die Bedeutung eines Hörspiels gering einschätzt. Im Grunde ist seine Geschichte eine gewaltige Standpauke gegen die Einsichtslosigkeit, Lässigkeit und Bequemlichkeit der bürgerlichen Welt angesichts der zersetzenden Kräfte, die sie bedrohen. Wenn Einsicht und Gewissen nicht einen Gesinnungswandel herbeiführen, ist der westlichen Kultur das Ende sicher: das ist der Sinn der häuslichen Misere des Herrn Biedermann. – Die Mittel eines Hörspiels – auch wenn man sie hoch bewertet – reichen aber nicht aus, um das Schreckensbild eines Weltuntergangs aufrüttelnd zu gestalten, und für eine sinnige Betrachtung, wie sie durch eine Parabel angeregt wird, ist das Thema wieder nicht geeignet. Wenn Max Frisch mit seinem Gleichnis wirklich eine Überzeugung zum Ausdruck bringen wollte, so bot er zugleich das Beispiel dafür, daß er über einen biedermännischen Protest, wie er ihn selbst beanstandet, nicht hinauskam. Immerhin war die Parabel geschickt und konsequent durchgeführt.«

(W. K. In: Stuttgarter Zeitung, 28. September 1956)

»Wie er in seinem Hörspiel ›Rip van Winkle‹ (der Vorform des großen Romans ›Stiller‹) das alte Märchenmotiv vom Mann, der Jahrzehnte verschlafen hat – ein Motiv, das selbst bereits ein Gleichnis ist –, wiederum als sozusagen ›aufgestocktes‹ Gleichnis (also als Parodie) für das Schicksal eines Menschen unserer Zeit erscheinen läßt, so ist auch das Hörspiel ›Biedermann und die Brandstifter‹ zugleich Parabel und Persiflage. – Herr Biedermann ist – darüber läßt Frisch dem Hörer keinen Zweifel – eine parabolische Figur. Er ist wir selbst, in unserer Lässigkeit und unserem schlechten Gewissen, das sich durch gute Werke loskaufen möchte. Er ist ›Herr Biedermann in uns‹ – und diese Redewendung zeigt an, daß er zugleich eine Parodie ist: eine Parodie auf den ›Hitler in uns‹, den ein anderer Schweizer Autor so eindrucksvoll herausanalysiert hat. Er verhält sich zu Picards Prototyp wie das fahrlässige Opfer zum Henker, ein Gegenstück und ein Zwillingsbruder. Für die ›Brandstifter‹ wiederum haben, wie der Hörer ausdrücklich erfährt, die schlimmen Vagabunden aus Max Mells ›Apostelspiel‹ das Muster abgegeben – nur daß eben bei Max Frisch keine unschuldige Magd da ist, die sie von ihrem schlimmen Tun abhält. In Herrn Biedermann ist eben kein Glaube, der Berge versetzt und aus Landstreichern Apostel macht, sondern nur das Verlangen nach einem Ausgleich des Sündenkontos. – Auch die Parodie, das möge eigens noch gesagt sein, steht bei Frisch ganz im Dienst der künstlerischen Aussage und wird niemals zur artistischen Spielerei. In der Konfrontierung mit den Modellen der Parodie bekommen Frischs Figuren erst wirklich jene moralische Plastizität, die sie als Symbole unserer Zeit durchsichtig werden läßt.«

(C. E. Lewalter: Nachwort zur Textausgabe des Hörspiels vom Hans-Bredow-Institut. Hamburg o. J. ⁵1958. S. 35)

»Nach Thomas Mann ist Dichtung in unserer Zeit nur noch als Parodie möglich. [...] Die Bedingung der Parodie als einer ernstzunehmenden literarischen Form ist, daß man über einen reichen Schatz an überlieferten Formen, Stoffen und Motiven frei verfügt, während die Wertordnung, die in ihnen ihren Ausdruck fand, fragwürdig geworden ist. Das trifft für alle Spätzeiten zu und gewiß für keine so sehr wie für die, in der wir leben. Die Parodie setzt ein distanziertes, ironisches Verhältnis zur Wirklichkeit voraus [...] Das eigentliche Grundmuster für Frischs Hörspiel das mittelalterliche Jedermannspiel. Biedermann ist kein Individuum, er ist der moderne Jedermann, ein Jedermann allerdings, für den es keine Bekehrung gibt, weil er kein Herz und kein Gewissen hat und darum unfähig ist, sich als schuldig zu erkennen. [...] Nicht er also wird zur Erkenntnis hingeführt, wohl aber der Hörer: statt mit einem Mysterienspiel haben wir es mit einer satirischen Entlarvungskomödie zu tun. [...] Herr Biedermann ist ja keineswegs ein Bösewicht, sondern ein Bürger, der Ruhe und Ordnung liebt und der sich auch Gefühle leistet, wenn sie nichts kosten; ein Bürger, für den die Sprache nur das Mittel ist, um seine Unfähigkeit zur Anteilnahme am Schicksal des Mitmenschen und seine wirklichen Absichten zu verhüllen, weil sie in beliebiger Weise vorgeprägte Wendungen zur Verfügung stellt und so den ideologischen Überbau liefert für das nackte Zweckdenken, das sein Handeln bestimmt. Aber nicht so, daß er sich dieses Mißbrauchs der Sprache bewußt wäre: Es gehört zu den natürlichen Fähigkeiten des Biedermanns, daß er es aus Selbstschutz nicht bis zum klaren Bewußtsein seiner existentiellen Unwahrhaftigkeit kommen läßt, sondern mehr oder weni-

ger ehrlich daran glaubt, der Biedermann zu sein, als der er
sich gibt. Und er ist es ja auch wirklich, in dem Sinne nämlich, daß er sich mit denen, die die Träger einer künftigen
neuen Ordnung sein könnten, rechtzeitig ›anbiedert‹, um
auf jeden Fall sich selbst zu salvieren. – Das Jedermann-
Motiv ist in Frischs Hörspiel verknüpft mit dem Seldwyla-
Thema seines Landsmannes Gottfried Keller. Während man
über die Geschäftstüchtigkeit der Seldwyler Bürger von 1850
noch lächeln durfte, weil sie in den engen Grenzen der klein-
städtischen Welt von damals keinen allzu schlimmen Schaden
anrichten konnte, ist die ihrer großbürgerlichen Nachfahren
gemeingefährlich geworden, weil ihr in der anonymen Mas-
sengesellschaft durch keine allgemeinverbindliche Wertordnung mehr eine Grenze gesetzt wird. Eine so geartete Wirklichkeit kann nicht mehr humorvoll-verstehend hingenom-
men, sie muß in der Form der Parabel durchsichtig gemacht
und mit den Mitteln der Satire in Frage gestellt werden.
– Ein weiteres literarisches Muster, das durch Frischs Hörspiel durchscheint und ihm neue Bedeutungsakzente verleiht,
ist Max Mells ›Apostelspiel‹. Wenn ausgerechnet Herr Biedermann auf das Wunder zu warten vorgibt, so wird die
fromme Legende zum Grotesken hin parodiert.«

(Paul Dormagen: Nachwort· zur Textausgabe
des Schöningh-Verlags, Paderborn o. J. S. 55 ff.)

2. Zum Bühnenstück

a. Zum Untertitel »Lehrstück ohne Lehre«[1]

»Frisch composed his ›Lehrstück ohne Lehre‹ in the bitter
disillusionment that followed the Communist take-over in
Prague. The moral of the play, if any, is the need to erad-
icate totalitarianism at its very beginning. Biedermann should
have thrown out his unwelcome guests and called the police
immediately after he began to suspect their intentions. The
lesson is so self-evident that it should not have to be told.«

(M. Bach u. H. L. Bach: The Moral Problem of
Political Responsibility: Brecht, Frisch, Sartre.
In: Books abroad [Okla.] 37 [1963] H. 4,
S. 381)

1. Vgl. Kap. II, 4 a.

»[...] wenn der Autor selber von einem ›Lehrstück ohne Lehre‹ spricht, meint er damit ja nur, daß die Biedermänner aus den Katastrophen nie die Lehre ziehen wollen.«

(Leo Nyssen. In: Duisburger Generalanzeiger, 1. Juli 1958)

»Es sei ein Lehrstück *ohne Lehre*, so hat Frisch es selbst bezeichnet. Nicht, als ob es Lehre nicht geben wollte; das hieße ihn bitterlich mißverstehen. Die traurige Wahrheit ist, daß wir Lehre nicht haben wollen. Daher, mutlos fast, *ohne* Lehre; will sagen, bar aller Lehre.«

(Herbert Küsel: Rätsel, die uns aufgegeben sind. Die Brandstifter des Herrn Biedermann. In: Die Gegenwart 13 [1958] Nr. 22, S. 695)

»Ein ›Lehrstück ohne Lehre‹ heißt ›Biedermann und die Brandstifter‹ (1958). Was soll das Paradox? Eine Abgrenzung von Brechts parainetisch-deiktischer Parabolik? Sollen wir, was als Lehrstück erscheinen könnte, als schwereloses Spiel nehmen? Ist es eine Parodie des Lehrstücks, eine Parodie der engagierten Poesie? Doch das Biedermännische wird eher satirisiert, und das geht nicht ohne ein Körnchen polemischen Salzes. [...] Lehrstück ohne Lehre? Die Lehre von der Unbelehrbarkeit des Biedermanns scheint doch unverkennbar. Entläßt uns der Dichter angesichts des von Biedermanns großspuriger Tölpelei angerichteten katastrophalen Unsinns mit dem Achselzucken des Fatalisten?«

(J. Müller: Max Frisch und Friedrich Dürrenmatt als Dramatiker der Gegenwart. In: Universitas 17 [1962] S. 728 f.)

»Die Unbelehrbarkeit des Helden Biedermann, der aus Feigheit sehend blind ist, seinem Untergang zu entkommen sucht, indem er ihn selbst mitinszeniert, diese Blindheit hat Frisch gewissermaßen zum Gattungsmerkmal erhoben: nicht nur im Stück zeigt er keine Einsicht und Wirkung, auch durch das Stück glaubt er an keine Änderung. So wird die Parabel, deren Form Frisch von Brecht adaptiert hat, zur Widerlegung des Optimismus abgesetzt, der Brecht glauben ließ, das Theater verändere die Welt, belehre seine Zuschauer. Stattdessen sieht sich Frisch auch als Dramatiker in der Rolle, die er in seinen Stücken dem Intellektuellen zuschreibt: sie predi-

gen tauben Ohren, werden nicht gehört. Man wird trotzdem,
so glaube ich, in der Bezeichnung ›Lehrstück ohne Lehre‹
nicht die strikte Aufhebung der Brechtschen Lehrstücks-Ab-
sichten erblicken dürfen. Sie ist wohl eher Ausdruck dafür,
daß Frisch die Wirkung des Theaters vorsichtiger einschätzt,
daß er von der provokanten Formulierung von der Nicht-
belehrbarkeit seiner Zuschauer vielleicht doch Wirkungen
provozieren will: Der ›Biedermann‹ ist mindestens als war-
nendes Modell gemeint, ein Modell, dessen Anwendung sich
nicht darin erschöpft, daß es der Machtergreifung des deutschen Faschismus theatralisch auf die Spur zu kommen sucht.«

(H. Karasek: Max Frisch. Velber bei Hannover:
Friedrich ³1969. S. 75)

»Biedermann erblickt sich im Spiegel, er erkennt sich nicht
nur als komisch, er erkennt sich als tödlich bedroht von zwei
Seiten: von den Brandstiftern, die Brände entfesseln aus
›Freude am Feuer‹, und von sich selbst, von seiner Bieder-
meierei, die ihm bis jetzt als Wert erschienen ist! [. . .]
Die Lehren, die Frisch nicht erteilt, muß jeder selber daraus
ziehen [. . .].«

(M. Galli. In: Orientierung [Katholische
Blätter für weltanschauliche Information],
Zürich, 22 [1958] Nr. 9, S. 99)

»Damit will er [Frisch] sagen, daß er es dem Zuschauer
überläßt, sich irgendwelche Lehre daraus zu entnehmen, sofern er Bedarf dafür hat.«

(F. L. In: Echo der Zeit, 6. Juli 1958)

»Max Frisch nennt sein Spiel ›ein Lehrstück ohne Lehre‹.
[. . .] Er deckt in ihm schonungslos Mißstände auf, weist auf
die Notwendigkeit einer radikalen Änderung hin, zeigt sie
aber nicht selbst, sondern überläßt das dem Nachdenken,
der Einsatzbereitschaft und dem Wagemut der Zuschauer.
[. . .] Dennoch wird schon nach kurzer Zeit für den Zuschauer
klar, gegen wen Max Frisch Stellung bezieht. Wenn da z. B.
einer der Strolche auf dem Boden Teile der ›Lilli Marleen‹
pfeift, so ist es wohl allgemein klar, daß damit in einen Teil
der deutschen Geschichte zurückgeblendet wird, die wir noch
erlebten.«

(Erich Schenke. In: Der Neue Weg, DDR,
24. November 1963)

»Das belehrende Gleichnis liegt auf der Hand. [...] Es ist
die Kritik zu einer Gesellschaft, die aus rein egoistischen
Motiven nur zu gern bereit ist, ein Bündnis mit den Kriegs-
brandstiftern zu schließen, ohne jedoch zu wissen, daß sie
selbst als erste vernichtet wird. – Die Wunde liegt aufge-
deckt in diesem Stück, jedoch kennt der Autor kein Mittel für
ihre Heilung. Frisch bleibt im Bürgertum befangen, selbst
wenn er erklärt: ›Eine Art Gesellschaft, die den Krieg als
unvermeidlich erachtet, können wir uns nicht leisten.‹«

(N. N. In: Märkische Union, DDR,
12. Juli 1964)

»Frisch hat sich diesmal viel bewußter die Möglichkeiten der
theatralischen Vergegenwärtigung vor Augen gehalten als
früher. Das hatte zur Folge, daß für die Interpretation des
von ihm Geplanten weiterer Spielraum blieb. Und auch für
die mitbeteiligte Phantasie des Zuschauers nicht gemäß einem imperativem ›Alle mal herhören!‹ Dogmen verkündet,
sondern Bilder, zum Sinnbild abstrahiertes Leben veranschau-
licht wird. Und das eben ist Theater. – Das will aber nicht
heißen, daß Frisch auf eine ›Botschaft‹ verzichtet hätte. Nur
bringt er sie nicht direkt und vordergründig, sozusagen ›in
Zungen‹ zu Wort, sondern hat es verstanden, sie theaterge-
recht zu verbrämen, es dem Publikum überlassend die ›tiefere Bedeutung‹ im Geschauten zu finden. Wie gut es ihm
gelungen ist, diese Absicht zu verwirklichen, macht vor allem
der in viele rasch wechselnde Einzelszenen aufgelöste Einakter ›Herr Biedermann und die Brandstifter‹ deutlich. [...]
offenbar hat ihn beim Ausarbeiten dieser ›Musteraufgabe
für episches Theater‹ doch ein zur Äußerung drängender ›fu-
ror dramaticus‹ gepackt – vielleicht ohne daß er es selbst
gewahr wurde. Anders läßt es sich nicht erklären, wie aus
einem tatsächlich eher erzählerischen Stoff ein so handfestes
Stück Theater werden konnte, das im echt Komödiantischen
wurzelt und dessen Möglichkeiten mit ebensoviel Esprit wie
handwerklichem Geschick auswertet. [...] So wird denn aus
dem Stück eine eindeutige ›Lehre‹ ersichtlich, obschon der
Autor das ironischerweise verneint. [...] Und diese Lehre
muß für jeden, der Augen hat zu sehen und Ohren zu hören,
ungemein eindringlich wirken – um vieles eindrücklicher, als
wenn sie ihm durch die Lektüre eines Erzählwerkes oder aus

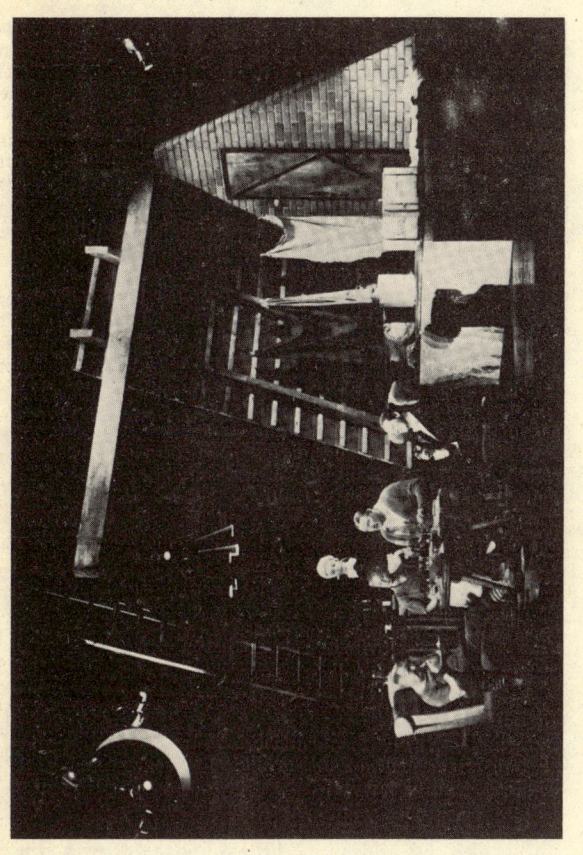

Szenenfoto der Züricher Uraufführung

dem Munde eines Vortragsredners zuteil würde! Womit
Frischs dramatischer Versuch seine unabdingbare Rechtfertigung erfährt. Und das Theater einmal mehr seine Legitima-
tion als ›moralische Anstalt‹ bestätigt erhält.«

(-oe-. In: Tages-Anzeiger für Stadt und
Kanton Zürich, 1. April 1958)

»Sicher brachte Frisch mit dem Untertitel ›Lehrstück ohne
Lehre‹ einen Widerhaken an, sicher wollte er eine vorschnelle
Fixierung des Stückes als Parabel (gegen den Totalitarismus,
gegen den Radikalismus von rechts und links, aber auch gegen den egoistischen Kapitalismus) vermeiden, vermeiden
wohl auch, daß das Stück als eindeutige Stellungnahme für
einen reformerischen Sozialismus aufgefaßt wird, obwohl
Biedermanns Charakterisierung als einer, ›der die Verwandlungen scheut, mehr als das Unheil‹, eigentlich nur so ausge-
legt werden kann.«

(H. Rischbieter: Nachwort zu: Deutsches
Theater der Gegenwart 1. Hrsg. von K.
Braun. Frankfurt a. M. 1967. S. 635)

»Er [Frisch] nennt die Szenenfolge ein ›Lehrstück ohne
Lehre‹, anknüpfend also an eine von Brecht gern gepflegte
Dramengattung, doch entfernt sich Frischs Form des ›Lehrstücks‹ von der Brechts erheblich. Das Komödiantische über-
wiegt. Denn wo bei Brecht am Ende die Lehre verkündet
wird, läßt Frisch seinen Leser, entsprechend dem Absurden
Theater, das selber keine Lehre geben will, nur in den Zwi-
schenraum von Gut und Böse blicken, wobei er freilich Gefahr läuft, daß viele das Ganze nur als großen Spaß verstehen.«

(C. Petersen: Max Frisch. Berlin 1966. S. 75)

»›Ein Lehrstück ohne Lehre‹. Das ist natürlich nicht mehr und
nicht weniger als ein Wortwitz (und dazu ein schlechter),
charakteristisch jedoch für die Position des Dramatikers
Frisch, der sich schon in seiner Farce ›Die chinesische Mauer‹
scheute, den entscheidenden Schritt zu tun, als er zwar gegen
diejenigen Stellung nahm, die Kriege für unvermeidlich halten, gleichzeitig jedoch von jeder Gewaltanwendung abriet.«

(D. Kranz. In: Theater der Zeit, [Ost-]Berlin
14 [1959] H. 4, S. 52)

»Frisch nennt sein Parabelstück ein ›Lehrstück ohne Lehre‹, weil das Böse sich wieder anschickt, Brände zu legen. Hierin liegt die Grenze seines bürgerlichen Humanismus. Wir wissen heute, daß es nicht nur darauf ankommt, Diagnosen zu stellen, sondern das Rezept zu kennen, ein Übel zu bekämpfen.«

(H. Meyer. In: [Ost-]Berliner Rundfunk,
21. August 1964)

»Frisch [...] macht zwar pointierte gesellschaftskritische Aussagen, aber es fehlt ihm das ideologische Rüstzeug, das Brecht so gut zu gebrauchen verstand. Nun kann man natürlich auch ohne Bindung an eine bestimmte Ideologie vortreffliche Stücke schreiben [...], aber eine so ausgefeilte Technik wie die Brechts läßt sich nur dann sinnvoll verwenden, wenn man das Ziel anerkennt, dem sie dient. Frischs dramatischen Gestalten fehlt es an Intensität; in ›Biedermann und die Brandstifter‹ werden die Individuen wieder zu Typen, und die gesellschaftliche Totalität schrumpft ein zum Milieu oder gar, wie in der ›Chinesischen Mauer‹, zum historischen Panoptikum. Als ehrliche Bestandsaufnahmen bleiben Frischs Stücke wichtig, aber als formale Experimente können sie kaum überzeugen.«

(E. Franzen: Formen des modernen Dramas.
München 1961. S. 97 f., vgl. E. F. in: Epi-
sches Theater. Hrsg. von R. Grimm. Köln
u. Berlin 1966. S. 243)

»Brechts denkerische Haltung nahm er ernst, seiner sozialkritischen Analyse stimmte er zu, von Brechts Glauben an die proletarische Revolution distanzierte er sich, die formalen Funde seines Dramas versuchte er, bis in Einzelheiten nachzuvollziehen. Eine wirkliche Überwindung dieses Vorbilds war Frisch nie möglich, da er dem gedanklichen und dem künstlerischen Weltgebäude Brechts kein gleichwertiges entgegenzusetzen hatte, das zugleich imstande gewesen wäre, die Brechtsche Konzeption zu überwinden. So blieb er – wider Willen – ein Brecht-Adept. Und dies als ein verschämter Bürger, das heißt als einer, der sich geniert, ein Bürger zu sein, aber sich zugleich hütet, keiner zu sein. Eine durchaus gutbürgerliche Behutsamkeit minderte die Rigorosität seines Angangs. Frischs Ironie ist freundlich und sympathisch (?!), nie taucht er seine Angriffe in die ätzende und bittere Lauge

jenes Sarkasmus, der Brechts Schlagkraft ausmacht. Die er-
staunlich breite und wohlwollende Zustimmung, die Max
Frischs Œuvre auch von den nicht intellektuellen Zeitgenossen
gezollt wird, ist letztlich darauf zurückzuführen. Aber zugleich liegt hier die Ursache für Frischs Schwierigkeiten, in
die gültige Ebene des Exemplarischen vorzustoßen, die der
junge Brecht gleich mit seinem Erstling ›Baal‹ erreichte. Wo
Brecht sich zur Figur des Jahrhunderts machte, an der gesellschaftliche Zusammenhänge sichtbar wurden, blieb   Frisch
intelligenter Zuschauer der Weltverwandlung.«

> (M. Kesting: Max Frisch. Nachrevolutionäres
> Lehrtheater. In: Panorama des zeitgenössischen
> Theaters. München: Piper 1969. S. 263 f.)

»Frisch nennt sein Stück ›Lehrstück ohne Lehre‹, er bekennt
hier seine Nähe zum Lehrstück Brechts und zugleich, daß er
keine Rettung durch den Kommunismus zu lehren hat. [...]
so ist hier weit mehr im umgekehrten Sinne an den Kommunismus zu denken, den vielleicht gerade der saturierte Schweizer Bürger unterschätzt. Dieses Stück ist als eine theatralische
Groteske im Sinne Brechts geschrieben, [...] besitzt aber, an
Brecht gemessen, einen umfassenderen geistigen Horizont,
eben weil es kein Tendenzstück ist.«

> (O. Mann: Das deutsche Drama des 20. Jahr-
> hunderts. In: Deutsche Literatur im 20. Jahrhun-
> dert. Hrsg. von O. Mann u. W. Rothe. Bd. 1.
> Bern u. München ⁵1967. S. 156)

»Die Theaterstücke Frischs sind Lehrstücke, aber anders ge-
zimmert als die Lehrstücke Brechts. Frischs Dialektik ist dif-
ferenzierter, komplizierter. Bei ihm fehlt jeder gestanzte
Hintergrund, wie er bei Brecht nur allzu präsent ist. Andererseits: Frischs Theater ist nicht sehr weit entfernt vom
Brechtschen Theater, jedenfalls unschwer nach dem Brechtschen Organon zu interpretieren: An die Stelle des Gefühls
ist auch bei Frisch die verfremdende Reflexion getreten, an
die Stelle der Suggestion das Argument. Aktivität soll auch
bei Frisch im Zuschauer geweckt und nicht ›verbraucht‹ werden, der Zuschauer ›steht gegenüber, studiert‹, er steht kei-
nesfalls ›mittendrin‹, und Spannung ist auf den Gang, nicht
auf den Ausgang der Handlung gerichtet usw. usw. Es
braucht keiner anderen Beweise, daß Frisch durch die Schule

Brechts ging, ohne ihn zu imitieren. Ein Paradebeispiel: Frischs
›Biedermann und die Brandstifter‹. [...] das Modell der
Modellstücke Frischs [...]. Läutert das Stück? Gewiß, soweit
Analyse, die einen Tatbestand diagnostiziert, läutern kann.
Frisch erweist sich als Moralist, der indessen nicht die Moral
totschlägt, das ist das Imponierende an ihm. Er weiß sein
Lachen, das wiederum unser Lachen herausfordert, zum ab-
geklärten Zynismus (Brechts Zynismus war nicht abgeklärt)
zu steigern. Auch das imponiert. Der kultivierte Zynist, als
der Frisch sich lange mit seinen Analysen entpuppt hat, hat
heute noch eine (vielleicht sogar die einzige!) Chance, ernst
genommen zu werden. Der entrüstete Moralist hat keine
mehr: Um die zornigen jungen Männer ist es schnell wieder
still geworden.«

(W. Jacobs: Moderne deutsche Literatur. Portraits, Profile, Strukturen. Gütersloh o. J.
S. 135 f.)

»Frisch stellt einen unmittelbaren Zusammenhang zwischen
dem sozialen Bankrott der bürgerlichen Gesellschaft und der
akuten Gefahr einer Zerstörung der gesamten Welt durch die
Atombombe her. Die ›Fässer voll Brennstoff‹ befinden sich
ja auf weltweitem Radius unter dem Dach fast aller bürgerlicher Häuser – allein durch die Tatsache nämlich, daß die
Existenz der Atombombe von ihnen geduldet wird. [...]
Das Bühnenstück muß grundsätzlich als Inszenierung einer
Parabel betrachtet werden. Die Gleichnisrede charakterisiert
sich ja bekanntlich durch ihren episch-erzählerischen Rahmen und dramatisch-handelnden Inhalt. Wie im Brechtschen
Grundmodell des epischen Theaters, seiner exemplarischen
Straßenszene, hat jedoch die Vorführung des Falles zugleich
den Charakter einer Wiederholung. In ›Biedermann‹ spielen
alle Darsteller die Rolle des Demonstranten. [...] Frisch mit
seinem ›Biedermann‹ die gleichen Absichten verfolgt wie
Brecht in seiner Theorie des epischen Theaters. Frischs ›Lehrstück‹ erzählt und demonstriert zugleich einen exemplarischen Fall von symbolischer Bedeutung. Dabei wirkt die
Fabel als allgemeines Modell, dem der besondere Einzelfall
angepaßt werden muß, um eine etwaige Kongruenz nach-
weisen zu können. [...] Tatsächlich also kann der ungeheure
Einfluß Brechts auf ›Biedermann und die Brandstifter‹ nicht

geleugnet werden. [...] trotz solcher Einwirkungen erweist
es sich doch allezeit als das unverkennbare Werk Max Frischs.
Die Originalität der Darstellung offenbart sich am deutlich-
sten in der ihr anheimgegebenen Komik. [...] Die Originalität des Stückes scheint uns jedoch darin zu bestehen, daß
die Komik, wie etwa beim Kabarett, unmittelbar in der Ge-
wißheit echter Schuld wurzelt. Ohne sie wäre ›Biedermann
und die Brandstifter‹ seiner sämtlichen Pointen beraubt. Un-
gleich dem Kabarett aber muß Frisch das Unrecht selbst zur
Darstellung bringen. Die Absurdität des Stückes reflektiert
diese Schuld im Spiegel von Wahrheit und Maske.«

(M. Jurgensen: Max Frisch. Die Dramen. Bern
1968. S. 67–79)

b. Werkbezüge, literarische Vergleiche und Wertungen

»›Biedermann und die Brandstifter‹ erzählt seine Handlung
mit mathematischem Kalkül, das Stück duldet keine Ab-
schweifung und Aufweichung; den Figuren, die auftreten,
wird nichts abgenommen, nichts gestattet, was nicht streng
der Enthüllung der Parabel untergeordnet wäre – und dennoch beruht seine stupende Überzeugungskraft auch darauf,
daß zwischen der kompromißlosen Konsequenz der Handlung sich das unverwechselbare ›Klima‹ (J. Kaiser) des Stücks
ausbreiten kann, jener gutbürgerlich schweizerische Bieder-
sinn, jene wohlgeordnete, von chorischen Feuerwehrleuten
umgebene Ordnung, die hier mit mathematischer Präzision in
ihr Cannae geführt wird, in ihren Untergang, den sie als
Keim in sich selbst trägt. Zeigt der ›Öderland‹ die Gefährdung der Ordnung durch wilde Träume, durch die Flucht des
Spießers aus dem Spießerdasein, so führt Frisch im ›Biedermann‹ vor, daß große spektakuläre Aufbrüche für den Spießer gar nicht nötig sind, damit seine Welt der Gewalt zum
Opfer fällt. Im Unterschied zum ›Öderland‹ ist der ›Biedermann‹ nicht mehr das Drama derjenigen, die das Chaos in
ihrer Brust entdecken und deshalb reif für Gewalt und Umsturz werden, sondern das der feigen, puren Mitläufer, bei
denen Phantasielosigkeit, eine erschreckende Anpassungsfä-
higkeit und ein schrankenloser Egoismus die Voraussetzungen
bilden, in denen sich die Gewalt ohne Schwierigkeiten ein-
nisten kann. [...] Die konsequente Steigerung der grotesken

Situation – Biedermann ist umso herzlicher zu den Gang-stern, je mehr sie ihre wahren Absichten unverschleiert of-fenbaren – ist dramaturgisch mustergültig konzipiert.«

(H. Karasek: Max Frisch. Velber bei Hannover:
Friedrich ³1969. S. 67 und 73)

»Das Stück als Ausdruck des Zeitgeists hängt mit der Welt des Homo Faber eng zusammen. Die überhandnehmende Technisierung der Menschheit, stellen die Soziologen fest, führt zu einer Verbürgerlichung, d. h. zu einem Überhand-nehmen des tertiären Wirtschaftssektors: der Gruppe der Dienstleistungen. Die primären und · sekundären Sektoren, Landwirtschaft, Industrie und Handwerk, benötigen infolge der zunehmenden Technisierung und Automation immer we-niger Arbeitskräfte; bei der Produktion der Güter ersetzen Maschinen die Proletariermassen. Der tertiäre Stand dage-gen: Handel, Verkehr, Gewerbe, Bank, Versicherung, Ver-waltung, Vergnügungsindustrie, freie Berufe ... braucht im-mer mehr Menschen, weil der Lebensstandard in den meisten Ländern durchschnittlich gestiegen ist. Der Mann mit dem Rechenschieber über dem Herzen (Musil) ist also auf den konzilianten Haarwasserproduzenten Biedermann angewie-sen; ja Biedermann ist, so sonderbar es klingt, in gewisser Hinsicht die modernere Gestalt als Faber. – Gottlieb Bieder-mann besitzt kein Herz, obgleich er mit seiner Herzlichkeit prahlt. Eine persönliche Tragik wie diejenige Walter Fabers ist bei ihm nicht mehr vorstellbar. [...] Gewissen und natür-liches Rechtsempfinden bestehen für den dem modernen Polizeistaat Hörigen nicht mehr; die scheinbare Sekurität macht blind gegenüber jeder wirklichen Gefahr [...]. Wo aber keine Wertskala mehr existiert, wird alles zur abgegrif-fenen Metapher. Der verbiederte Tüchtling – so hieße Gott-lieb im Vergleich zu Knechtling, dem Übertrumpften – kann trotz seiner Erfolge in der Haarwasserbranche keine Gefahr mehr erkennen, denn seine Erfolge haben ihn blind und blöd gemacht. [...] Das Lehrstück ohne Lehre erscheint [...] als Keim zu einer Tragödie des Informationszeitalters – das zu keiner Wahrheit und wirklichen Belehrung mehr fähig ist. [...] das Gesellschaftsstück ›Biedermann‹ hält sich an die allzu menschlichen Verwicklungen. Es ist dabei nicht einmal ein bürgerliches Trauerspiel oder eine Satire auf das Bürger-

tum wie Sternheims ›Hose‹ – zur Satire gehört die ›sichere‹
Position des Verfassers –, sondern ein Spiel von einer Welt
ohne gesellschaftliches Gefälle, ein sozialer ›Ablauf‹, ein bürgerliches ›Räderwerk‹.«

(H. Bänziger: Frisch und Dürrenmatt. Bern u.
München: Francke ⁴1965. S. 97 ff.; vgl. die
vorausgehende Inbeziehungsetzung durch S.
Unseld im Programmheft der Städtischen Bühnen Frankfurt am Main 4 [1958/59] S. 50 ff.)

»Seit Frischs erstem Erscheinen auf der Bühne in ›Nun singen
sie wieder‹ hat mich keines seiner Werke so eindeutig überzeugt wie sein neuestes ›Herr Biedermann und die Brandstifter‹. [...] Es verläuft alles notwendig und doch nicht
ohne Überraschungen. Das Geschehen ist durchaus einbahnig,
aber ohne Dürftigkeit. Es ist zielstrebig, aber voll zuchtvoll
verwendeter Einfälle. Der Dialog ist eine reine Freude für
Darsteller und Zuhörer, natürlich bei aller Stilisierung, den
Schauspieler sicher führend und inspirierend. – Das Thema:
die Tragikomödie der bloßen Gutmütigkeit. [...] Biedermann wird überwandert, unterhöhlt, er merkt alles und will
doch nichts merken, er gibt vor, an Witze zu glauben, wo
ihm die Wahrheit als Witz serviert wird, er will sich vor allem nicht fürchten. [...] Frisch führt das Thema unwider-
stehlich durch. Es kann durchaus als Sinnbild für unsere heutige Weltlage verstanden werden, für eine Lage, in der dum-
me Entschlußlosigkeit sich als Schicksal drapiert. [...] Aber
so lebendig, so gegenwärtig szenisch ist dieses sinnbildliche
Geschehen gestaltet, daß wir uns hüten sollen, allzu eilfertig
die Moral der Geschichte herauszulösen: Frucht und Kern
sind sich hier gleichwertig. Das meint wohl Frisch, wenn er
das Stück ›Lehrstück ohne Lehre‹ betitelt.«

(E. Brock-Sulzer. In: Die Tat, Zürich,
1. April 1958)

»Man denkt bei der Dramatik Frischs etwa an Grabbes
›Scherz, Satire, Ironie und tiefere Bedeutung‹. [...] Seit
Grabbe haben wir in der Literatur keinen Dichter, dem wie
Frisch so glaubwürdig die Mischung von Gruseln, Pathos und
trockenem Humor gelänge. Ironie – das ist nach Meinung der
Romantik der Abstand, den die Philosophie gegenüber der
Wirklichkeit gewährt. Frisch teilt diese Ironie einem Chor

der Feuerwerker zu, der in köstlicher Parodie des antiken Chores der Sprache bürgerlicher Vernunft Ausdruck gibt. Satire – das ist der Bürger, der sich durch zwei Gauner, die seine Angst vor allgemeiner Brandstiftung ausnützen, lieber erpressen läßt, als daß er sich innerlich wandelte und besserte. Scherz – das sind die grotesken Einfälle: die Geisterspielerei nach berühmten Mustern, die Anspielung auf Salzburgs ›Jedermann‹, der falsch gelaufene Totenkranz. Die tiefere Bedeutung: Muß der Bürger Biedermann ein korrupter Opportunist bis zum Weltuntergang sein, oder ist eine Umkehr möglich?«

(F. L. In: Echo der Zeit, 6. Juli 1958. Zitiert nach: Das Schauspielhaus Zürich mit Max Frischs »Biedermann und Hotz« im Ausland. S. 17)

»Endlich merkt das Theater, daß es nicht mit Anleihen bei Nachbarkünsten, die es technisch überrundet hatten, wie Film und Fernsehen, als Musical oder Starrevue weiterkommt oder in der Bequemlichkeit der alten bürgerlichen Konflikte. Darum habe ich ›Herrn Biedermann und die Brandstifter‹ von Max Frisch schon in der Fernsehfassung gelobt. Darum preise ich es immer wieder als Theaterstück. Seit Kleists ›Zerbrochenem Krug‹ hat es in deutscher Sprache keinen Einakter von solcher realistischen Durchschlagskraft des Komischen und solcher hintergründigen Bedeutung gegeben. Wenn am Schluß der Chor der Feuerwehrleute spricht, formgebunden und ironisierend, anklagend und witzig, dann weiß man, daß das deutsche Theater in seiner eigenen Art für seine eigenen Aufgaben lebendig geblieben ist.«

(H. Jhering. In: Die Andere Zeitung, 17. Juli 1958. Zitiert nach: Züricher Kritikensammlung. S. 13 f.)

»Diese Fabel ist mit hinreißender Komödienbrillanz aufgebaut und formuliert. Sie ist molièrisch, weil ihr moralischer Gehalt für den Menschen schlechthin gilt. Sie geht über Brecht hinaus. Das Bündnis des Lammes mit dem Wolf, die entsetzliche Lähmung des Feigen, der den Augenblick des Entschlusses verpaßt und seinen Mörder umschmeichelt – dies ist ein echter moralistischer Komödienkern. – Nun ist die reine Typenkomödie nicht ohne Grund in den modernen Zeiten immer schwächer geworden. Molière wußte noch nichts vom gesellschaftlichen Prozeß. Herr war Herr und Diener Diener, und der Tartüff war der Heuchler und Geizhals eine Spezies Mensch. Frisch schreibt einen Biedermann. Das ist in der urkonservativen Schweiz noch möglich.«

(K. Korn. In: Frankfurter Allgemeine Zeitung. 1. Oktober 1958)

»›Biedermann und die Brandstifter‹ war Frischs erste Exkursion in das Gebiet des ›humour noir‹ und des Theaters des Absurden. [...] Theater der intellektuellen Phantasie [..], das Gegenwartsprobleme in die Form desillusionierter Tragikomödien kleidet. [...] sardonischer Kommentar zu einem aktuellen politischen Phänomen [...] die parodistische Behandlung des Themas und das entschlossene Streben nach der Absurdität verraten jedoch, daß sich in diesem Falle auch der Einfluß des Theaters des Absurden ausgewirkt hat.«

(M. Esslin: Das Theater des Absurden. Reinbek 1965. S. 211 f.)

»Die Schweizer Dramatiker, sowohl Frisch wie Dürrenmatt, scheuen sich nicht, mit apokalyptischen Szenen, Schüssen und Detonationen die Welt aufzuschrecken, um sie zu verbessern. Wir haben zu viele Detonationen erlebt, um an diese szenischen Mittel noch glauben zu können. Für uns wäre Frischs Stück wirksamer, wenn der Chor nicht gleich zu Beginn als Warner aufträte, sondern wenn Biedermann durch den obdachlosen Ringer sogleich vor seine Ohnmacht und seine Schuld gestellt würde, und wenn der Chor der Feuerwehr erst mit der sichtbar werdenden Gefahr einsetzte und seine Unfähigkeit, die Gefahr zu verhindern, noch mehr durch Selbstironie enthüllte, und wenn Herr Biedermann nicht durch einen schaurigen Brand unterginge, sondern durch einen komischen Knalleffekt geheilt würde. Frischs Fähigkeit, die tragische Situation komisch aufzuzäumen, ist beträchtlich. Dadurch spielt sein Stück sich von Anfang an auf zwei Ebenen ab. Wer wird den anderen überlisten, oder wird das gespielte Vertrauen sogar ein echtes Vertrauen werden und die Brandstifter entmachten? Das gibt dem Bühnengeschehen eine Spannung bis zum Zerreißen. Da die Brandstifter Biedermann überlisten, muß sein Untergang das Ende sein.«

(W. Westecker. In: Christ und Welt, Stuttgart, 8. April 1958)

»Schlecht unterhält man sich bei diesem langgezogenen Sketch jedenfalls nicht. Denn der Grundeinfall ist trotz seinem makabren Einschlag amüsant. [...] Leider hat Frisch beide Frauenfiguren [...] so stiefväterlich behandelt, daß sie im Vergleich zu den saftigen Männerfiguren ausgesprochen blutleer wirken.«

(N. N. In: Volksrecht, Zürich, 2. April 1958)

»Das Ganze wirkt etwas angerümpelt, wie auch Frischs exakt geplante und dann übervoll gestellte Szenenarchitektur. Vor allem ist die alte Schwäche des Dramatikers Frisch, die schematisierte Dürftigkeit der Figuren, hier noch zu schwach von der immerhin schon eingesetzten Clownerie verdeckt.«

(S. Melchinger. In: Die Zeit, 17. April 1958)

»Das Stück [...] ist eigentlich kein Theaterstück. Was den Zuschauer packen kann, ist nicht der unerbittliche Gang einer Handlung, sondern die Leistung der Darsteller, des Regisseurs. [...] Ungewöhnlich ist's heute sicherlich nicht, wenn wir auch im ›Biedermann‹ die verschiedensten Formelemente finden: vom Sketch des zeitsatirischen und kulturkritischen Kabaretts bis zum Tragödienrequisit, etwa dem mit dem Witwenschleier verhüllten Schicksal des Erfinders Knechtling. Vielfach blieb dem Autor nur Montagearbeit zu verrichten, so wenn er ungeniert in den Schatz gängiger Aphorismen greift und selbst vor Bierulk und Banalität nicht zurückschreckt. – Über all dem ist die Hauptfigur etwas zu kurz gekommen, dieser Biedermann ist nicht ganz fertig geworden. Es müßte doch so sein, daß sich jeder in ihm wiedererkennt, allein, dieses Ziel hat Max Frisch nicht erreicht – der Zuschauer darf sich statt als Betroffener eher als Entlasteter fühlen. Biedermann hätte das Urbild des Lauen werden müssen, der laut Bibel ausgespien wird, die Figur des Paktierers, der sich nie festlegen, nie ein Risiko auf sich nehmen will, der immer nur abwartet, wie die Hasen laufen – der ewige Mitläufer, so wie ihn etwa Werner Krauss in seinem im Zuchthaus Plötzensee geschriebenen Roman ›PLN‹ (erschienen 1946, damals vielbeachtet, heute fast vergessen) mutatis mutandis in der Gestalt des Postministers Ritter von Schnipfmeier so gültig fixiert hat. Allein, Max Frisch beruft sich auf Ibsen, der sagte: ›Zu fragen bin ich da, nicht zu antworten.‹«

(E. Lissner. In: Frankfurter Rundschau, 1. Oktober 1958)

c. Der Chor der Feuerwehrmannen auf der Bühne

»Gemeinsame Pointe der Einakter (›Biedermann und die Brandstifter‹ und ›Die große Wut des Philipp Hotz‹) ist die Vorführung, wie sich zwei Zeitgenossen [...] aus Angst, sich zu blamieren, falsch verhalten, obwohl sie ziemlich genau wissen, daß sie sich falsch verhalten. [...] Diese menschliche Seelenlage hat Frisch in zwei Versionen exemplifiziert, in einer tragischen, ›Herr Biedermann und die Brandstifter‹, hinter der er als Anspielung auf die antike Gewohnheit, der Tragödie ein Satyrspiel folgen zu lassen, eine heitere Version gab, ›Die große Wut des Philipp Hotz‹.
Um die Anspielung auf altgriechische Theatergewohnheiten recht augenfällig zu machen, hat Frisch dem ›Biedermann‹-Einakter sogar einen Chor eingefügt, der bei antiken Tragödien die Geschehnisse auf der Bühne kommentierte, bei Frisch allerdings mit der blanken Montur von Feuerwehrleuten staffiert ist.«

(N. N. In: Der Spiegel, 16. April 1958)

»Die eidgenössischen Mannen der Feuerwehr traten in simplem Drillichzeug ›en bloc‹ auf und saßen anschließend auf Holzbänken im dunklen Bühnenhintergrund, ihre hessischen Kollegen tragen echte Uniformen, sprechen mit stärker verteilten Stimmen und paradieren an den Bühnenseiten auf Feuerwehrautos mit echtem Blaulicht. Viel ist zu sehen – zu viel. Die Inszenierung verbreitert sich, sie wird – für eine Brandstifterei nicht eben angebracht – gemächlich.«

(Gerhard Schön. In: Frankfurter Nachtausgabe, 1. Oktober 1958)

»Links und rechts der Bühne waren diagonal zwei Feuerwehrwagen mit den in zwei Chören aufgeteilten Mannen aufgefahren. Die Bürgerwohnung, durch eine dicht verschlossene Portiere und einen freischwebenden Stuckplafond trefflich ins Surreale übersetzt, und dicht dabei, einige Stufen überhöht, der Dachbodenverschlag: Chippendale und Flüchtlingsquartier dicht beieinander.«

(K. Korn. In: Frankfurter Allgemeine Zeitung, 1. Oktober 1958)

Der Chor in der Quedlinburger Aufführung (November 1963) sprach von einem Turm neben der Bühne. Vgl. Erich Schenke. In: Der Neue Weg (DDR), 24. November 1963.

In der Aufführung der Nordhäuser Bühne (2. November 1966) bestand der Chor aus zwei Mann. Vgl. N. N. In: Südharzer Rundschau, 21. Dezember 1966; N. N. In: Das Volk, 29. November 1966.

In der Inszenierung des kleinen ›Insel‹-Theaters in Karlsruhe am 26. September 1970 traten drei Chormänner auf, einer von ihnen spielte außerdem den Dr. phil.

Ohne Chor führte die Berliner ›Vaganten-Bühne‹ das Stück auf (20. Februar 1969).

d. Zum Problem der Sprache

»Biedermann und Frau unterliegen in der Partie gegen die Brandstifter, weil, was sie sagen, nicht gemeint ist; und weil, was sie meinen, nicht gesagt ist. Ihre Sprache dient nicht der Darstellung, sondern der Verstellung; was sie reden, ist ein unaufhörlich erneuerter Hinweis auf die verlorene Identität von Wort und Welt. Biedermann ist nicht beim Wort zu nehmen; er wird darum so lächerlich wie grauenvoll verfügbar. [...] Ereignis und Gegenereignis liegen in der Sprache: in der Maskierung und Demaskierung des Wortes. Es ist in der Kunstform des Stücks ein hoher dramatischer Kipp-Effekt, von Sein in Schein und rückwärts. Das Drama liegt in der Sprache – wie eben das Drama des Biedermanns die Sprache ist. [...] Das am heitersten laufende (scheinbare) Konversationsstück ist nahe um eine Aufhebung der Sprache herumgedacht. Der Held des Stücks heißt – Schweigen. Schweigen als der Ort, von dem aus (allenfalls) mit einiger Vorsicht und Sorgfalt die Identität zwischen Wort und Welt wieder herzustellen wäre. Es ist das Grundthema im Schaffen Max Frischs. Aber in einem so unheimlichen Heiterkeitsspiel haben wir ihn nie gesehen.«

(W. Weber. Zunächst in: Neue Zürcher Zeitung; dann in: Dichten und Trachten [Jahresschau des Suhrkamp Verlags]. Berlin u. Frankfurt a. M. 1958. S. 59–63; wieder in: Zeit ohne Zeit. Aufsätze zur Literatur. Zürich 1959. S. 96 bis 101)

»Die verdorbene Sprache der heutigen Gesellschaft ist auch eines der Themen, die in dem Stück ›Biedermann und die Brandstifter‹ gestaltet werden. Frisch versucht hier zu zeigen,

daß unsere Sprache erstarrt ist und nur noch der Verstellung
dient. [...] Wir haben eine Abwertung der Sprache auf zwei
Ebenen, auf der gemein-gesellschaftlichen der Biedermanns
und der akademischen des Dr. phil. Auf beiden Ebenen versagt die Sprache völlig. Sie wird hier, wie bei Frisch überhaupt, als ein unzulängliches Verständigungsmittel gezeigt.
Hinter allem steht Frischs Mißtrauen gegen die verbindende
Kraft der Sprache und die Erfahrung, daß die Sprache unserer Zeit nicht mehr der Ort menschlicher Gemeinsamkeit
ist.«

(S. P. Hoefert: Zur Sprachauffassung Max
Frischs. In: Muttersprache 73 [1963] H. 9,
S. 257–259)

e. Anwendungen der Fabel

»Der Reichtum dieser Dichtung ist, daß sie sich abwandeln
läßt. Die Streichhölzchen wechseln mit den Zeiten. Das Feuer
bleibt, das zischende, prasselnde, verzehrende Feuer. Dabei
wäre es töricht, dem Gleichnis eine einzelne Begebenheit
allein als Lösung unterschieben zu wollen. [...] Sie tragen
kleine Fäßlein hinauf auf den Boden, gar nicht im Verborgenen und ganz beharrlich, die Präsidentenwahl, der Blut-
sonntag in Altona, du wirst unruhig, es paßt dir nicht recht;
bald darauf die Zwanzigste Juli, nicht der von vierundvier-
zig, als alles verloren war und zu Ende ging, der von zwei-
unddreißig, als es begann, mit mancherlei Helfern begann,
erinnert ihr euch, der Handstreich in Preußen, [...] im Januar, frühe, das heimliche Treffen, Schleichers Spürhunde
decken es auf, beim Freiherrn von Schröder, gemeinsamen
Ratschlag haltend der Herr von Papen und der Führer, [...]
und es kommt, unter Jubelgeläut und mit Eile der Dreißigste
Januar, unverbrüchliches Gelöbnis, zusammenzuhalten in einer heiligen Erneuerung, [...] Da brodeln, wie Blasen über
dem Sumpf, dunstige Zweifel auf, ob es wohl recht war mit
der Harzburger Front; was ihn im tiefsten treiben möge, den
böhmischen Gefreiten. Nicht alles findet Beifall, was schmet-
ternd nach draußen proklamiert wird, in den Sesseln des
Herrenklubs, und auf dem Schreibtisch des Abgeordneten
Oberfohren liegen verborgen einige Blätter, sie werden bald
verschwunden sein. [...] Noch stehen nur die Fässer auf dem

Dachboden. Sie sind verschlossen zudem. Und noch lebt der alte Herr, und schließlich wird auch die Wehrmacht..., ganz gewiß; und noch haben wir Marburg, jawohl, und eine Rede in seinen Mauern. – [...] Nicht lange, da basteln sie ohne Scheu an der Zündschnur herum [...] Schauen aus nach dem Winde, ob er wohl günstig stehe, und ›Köpfe werden rollen‹, sagen sie und daß fette Scholle im Osten sei. Wunderliche Schulgebete werden aufgesagt in Thüringen, wie der neue Minister Frick sie erlassen, ... Holzwolle und Putzfäden, wohin man nur schaut. Und in der Gesandtschaft, die das braunschweigische Land beim Reich unterhält, ist nach freiem Hoheitsrecht der Stellenplan zu ergänzen; so vollzieht Herr Klagges die Unterschrift. Du bemerkst das alles. Es liegt offen vor dir. Doch dein Argwohn, wenngleich er dich nicht verlassen will, er wäre mit größer, geschähe das alles heimlich und im Verborgenen, nicht dröhnend, von Tag zu Tag, in Reden und in Flugblättern unter die Menge geworfen. [...] Da sollen wohl am Ende gar die Streichhölzchen ein Sinnbild sein für das Ermächtigungsgesetz? [...] Die Kraft dieses Gleichnisses ist, daß hier Schuhe stehen, die nicht nur wir uns anzuziehen brauchen. Benesch, der heimkehrende Benesch, wäre ein ebenso beredtes Beispiel, und wir haben ihn niemals anders gesehen. Das Polen des Freundschaftsvertrages von 1934, sein Oberst Beck als Schwurfigur, wer wollte leugnen, daß sich die Karten decken? Die Furcht vor Jalta, nur ja nicht ein Grollen oder selbst betretenen Mißmut aufkommen zu lassen, es liegt alles in der gleichen Schachtel. Damit man nicht denke, daß nur der ›Stahlhelm‹, nur der Industrieklub, nur die Bendlerstraße ihre Lektion zu lernen hätten, sonst aber niemand in der Welt, München nicht an der Schwelle des Krieges und Potsdam nicht an seinem Ende [...].«

(H. Küsel. In: *Die Gegenwart* 13 [1958] Nr. 22, S. 695–697)

»Die verhängnisvolle Torheit, mit der der überwiegende Teil des deutschen Bürgertums den Faschisten auf den Leim gegangen ist, soll angeprangert werden. So unwahrscheinlich die Situationen, die uns Max Frisch auf der Bühne vorführt, auch immer scheinen mögen, – in der jüngsten deutschen Geschichte war die Groteske bittere Wirklichkeit. Die Faschisten hatten mit ihren Mordplänen nicht hinter dem Berge gehalten. Sie brüllten öffentlich, daß Köpfe rollen werden, sobald sie nur die Macht hätten; und in ihren Büchern konnte jeder lesen: ›Das Volk muß nach Priestern schrein, die Blut, Blut, Blut vergießen ... nach Priestern, die schlachten!‹ Aber die deutsche Bourgeoisie und ein Teil der Sozialdemokratie meinten, man dürfe nicht immer gleich das Schlimmste annehmen, und sie steckten die Köpfe vor der Gefahr in den Sand. Wie Biedermann den Brandstiftern haben sie den Nazis die Streichhölzer selbst in die Hand gegeben, mit denen alsbald die ganze Welt in Brand gesteckt wurde.«

(D. Kranz: In: Theater der Zeit, [Ost-]
Berlin, 14 [1959] H. 4, S. 52)

»Ob er's wollte oder nicht: Max Frisch hat hier die klassische Satire gegen den Kommunismus, gegen seine Infiltrationstechnik und gegen seine bürgerlichen Handlanger geschrieben.«

(F. Torberg. In: Neuer Kurier, Österreich,
10. Juni 1958. Zitiert nach: Züricher Kritikensammlung, S. 6)

»Gibt es eine bessere Charakteristik des deutschen Biedermanns von 1914, des deutschen Biedermanns von 1933, des deutschen Biedermanns in Westdeutschland von 1963? Wieder, wie in den letzten fünfzig Jahren, geht es heute in der Bundesrepublik um Vermögen und Unvermögen der Bourgeoisie, sich unter ganz bestimmten historischen Bedingungen zu bewähren und zu entscheiden. Und wieder zeigt uns die heutige westdeutsche Realität, daß das Bürgertum versagt. Warum es versagt, zeigt uns Max Frisch. Es sind immer noch die ›mörderischen Gemütlichen‹, wie es Thomas Mann 1932 nannte. Es ist immer noch das Schwänzen im Fach Geschichte, das Nicht-wissen-Wollen. Die Menschen merken nicht, wie offensichtlich sie von ihren Brandstiftern belogen werden, siehe ›Spiegel-Affäre‹, wie offensichtlich diese ihre Arme nach den Atom-Sprengsätzen ausstrecken. – Es geht ja nicht nur um einen kleinen Teil Verrückter, die sich unbedingt den Kopf blutig schlagen möchten. Heute ist das menschliche Leben auf der ganzen Erde in Gefahr. Wir alle! Wie kann man da noch fragen, warum man nicht nur der Bequemlichkeit willen zusehen kann? Warum man nicht weiter-

schlafen kann? Was nützt es uns allen, wenn ein paar Übrig-
gebliebene einmal zu spät erkennen, was man früher hätte
tun können und sollen? [...] Deshalb sind wir gegen die
Zündsätze auf der anderen Seite unserer Grenzen. Deshalb
sind wir gegen die Brandstifter in der Bonner Ermekeil-
Kaserne. Darum hat unsere Regierung mit Vorschlägen nicht
gespart, wahrhaftige Sicherungen gegen den Krieg zu schaffen. Diese reichen von einem Maximalprogramm – dem Entwurf einer Konföderation beider Staaten, die es gestatten
würde, sich über alle wirtschaftlichen, rechtlichen und kul-
turellen Fragen zu verständigen, bis zu einem Minimal-
programm – dem Siebenpunktevorschlag Walter Ulbrichts,
der ein gewisses Maß an gegenseitiger Anerkennung, an
Bereitschaft zur Abrüstung, zur Neutralität, zum Verzicht
auf Atombewaffnung vorsieht. Natürlich kann und will ein
solches Programm nicht Allheilmittel sein, aber seine Ver-
wirklichung schlägt den Brandstiftern die Lunte aus der
Hand. Und das ist schon sehr viel, das Wichtigste in unserer
Zeit.«

> (F.-R. Mänicke. In: Liberal-Demokratische
> Zeitung, Halle, 24. April 1963)

»Es wäre wohl übertrieben, Herrn Biedermann, der die
Brandstifter in sein Haus aufnimmt, und ihnen sogar die
Zündhölzer zum Anzünden dieses Hauses liefert, einfach auf
Benesch umzutaufen, wie es nicht ganz zutreffend wäre, den
Brandstifter Schmitz schlichtweg Gottwald zu nennen – aber
ein Fünkchen Wahrheit wäre auch in dieser Namensgebung.
Das Gleichnis läßt sich ähnlich wie Ionescos ›Nashörner‹
sowohl gegen den Kommunismus wie gegen den National-
sozialismus ausspielen. Die Hauptrolle jedoch spielt der pas-
sive Mensch, der seine Bequemlichkeit durch die Koexistenz
mit Verbrechern zu erhalten hofft [...].«

> (K. Kahl. In: Theater heute 2 [1961] H. 3, S. 42)

»Die Lehre für uns [...] ist eindeutig: Es gilt mit allen Mitteln dafür zu sorgen, daß die Brandstifter von gestern nicht
wieder zu Brandstiftern von morgen werden. Wenn heute
in Westdeutschland die faschistische NPD offiziell in den
Bayrischen Landtag und der Geist des Faschismus fröhliche
Urständ feiert, so hilft dieses Werk den Ahnungslosen, die

Binde von den Augen zu nehmen. – Diese Lehre sollten die
Biedermänner, die in den westlichen Gefilden noch heute den
Brandstiftern Asyl gewähren, beherzigen.«

(N. N. In: Das Volk, DDR,
29. November 1966)

» Jener westlichen Welt müssen solche Dinge noch gesagt werden, unserer Welt sind sie durchschaubar.«

(N. N. In: Südharzer Rundschau, DDR,
21. Dezember 1966)

»Das bedrohliche Anwachsen von Militarismus und Neofa-
schismus hat Ulf Reiher wohl veranlaßt, dieses alle Mitläufer
und Mitwisser mahnende Werk wieder auf die Bühne zu
stellen.«

(H. Haufe. In: Der Morgen, DDR, 19. Juni 1970)

»Dieser ›Biedermann‹-Einakter, literarisches Produkt der
frühen Nachkriegszeit, ist vom Autor – entgegen dessen Be-
hauptung, es handele sich um ›ein Lehrstück ohne Lehre‹ –
offensichtlich symbolisch gemeint. Die Kritiker sehen in ihm,
je nach ihrem politischen Geschmack, entweder ein Gleichnis
für die Haltung des Bürgertums gegenüber den Nationalsozialisten oder einen Hinweis auf die bürgerliche Haltung
gegenüber dem gegenwärtigen Wettrüsten der Regierungen.«

(N. N. In: Der Spiegel, 16. April 1958)

»Das Warnbild sitzt um so mehr, als es nicht in plumper Ein-
deutigkeit zu entschlüsseln ist. Es ist Warnbild gegen alle Art
ängstlichen Kollaborierens. Wer dem Verderber auch nur den
kleinen Finger reicht, muß das Schlimmste befürchten –
und macht sich mitschuldig. – Wer der Verderber ist, der die
Welt – unser aller Haus – in Brand zu stecken droht? Es gibt
mehrere hienieden. Die, die den Imre Nagy unter Wort-
bruch liquidieren. Die, die – von rechts – unbelehrt nach dem
›starken Mann‹ schreien. Die, die kein anderes Vernunftmit-
tel kennen als einzig den Trumpf der noch stärkeren Vernichtung. Die, die für jede Ich-Du-Beziehung nur ›Verkaufs-
psychologie‹ verwenden. Sind es ›die‹ Politiker? Gewiß nicht.
Aber viele. Es ist gut, da die Stimme der Schweiz zu hören
– zur gleichen Zeit, in der Jaspers redet. Auch Jaspers ver-

meidet die plumpe Parole. Er zeigt die Gefahr, sie hat immer mehrere Gesichter.«

(A. Schultze-Vellinghausen. In: Frankfurter Allgemeine Zeitung, 4. Juli 1958. Zitiert nach: Züricher Kritikensammlung. S. 12 f.)

»The first reading of ›Biedermann‹ makes one believe that the comedy symbolizes Hitler's rise to power. A second thought, however, brings the problem of nuclear warfare to mind. [Es folgen Hinweise auf Benesch usw.]«

(M. Bach u. H. L. Bach: The Moral Problem of Political Responsibility: Brecht, Frisch, Sartre. In: Books abroad [Okla.] 37 [1963] H. 4, S. 381)

»Man kann die Moral dieses ›Lehrstücks ohne Lehre‹ auf die jüngste Vergangenheit anlegen. Man kann bedeuten: wir wußten ja, daß Hitler Krieg, Vorherrschaft, Brand und Ausrottung meinte. Er hat's deutlich genug gesagt. Trotzdem hat man's nicht recht geglaubt: Biedermann als Mitläufer. Oder man kann (und soll wohl) an die Brandstifter denken, die mit dem neuen großen Feuer, mit der Teufelsbombe kokeln. Wir dulden es. Wir sehen es mit an, und finden viele Gründe, es zu tun. Aber die Lunte ist gelegt. Wehe! Oder man kann an die demokratische Duldsamkeit denken, mit der extreme Brandstifter biedermännisch von uns ausgehalten werden, ganz rechts und ganz links. Die Luntenleger des Umsturzes sitzen an unseren Tischen, kaum verdächtigt. Aus Gründen der Öffentlichkeit schieben wir die Regungen einer besseren Einsicht einfach weg: Ist ja alles nicht so schlimm . . .«

(F. Luft zur Inszenierung des Theaters am Kurfürstendamm in Berlin 1959. Zitiert nach: H. Karasek, Max Frisch. ³1969. S. 75)

»Der Boxer-Landstreicher ›Sepp‹ erinnert schon äußerlich an Stalin – der Kellner Eisenring läßt einen an Eisenhower denken. Aber man wird mit solchen allzu konkreten Vermutungen besser zurückhalten. [. . .] Frisch einen Typ zeichnen wollte, eben den heutigen Menschen des Westens.«

(M. Galli. In: Orientierung, Zürich, 22 [1958] Nr. 9, S. 98)

»Frisch hat damit kein Propagandastück gegen den Totalitarismus geschrieben. Das Stück setzt schon früher ein. Es

>lehrt‹, daß man bereits den Anfängen wehren müsse. Aber mit dieser Lehre kommt es eigentlich zu spät, mindestens für Herrn Biedermann – und für Herrn Benesch, und für Herrn Chamberlain, und für Herrn Hindenburg.«

(E. Stäuble: Max Frisch. Amriswil ²1960. S. 82)

»Einige wesentliche Grundzüge bürgerlich-kapitalistischer Haltung werden in der Figur Gottlieb Biedermanns bloßgestellt: das Interesse an der Erhaltung der ökonomischen Prosperität, die ständige Angst vor möglichen Gefahren und Krisen, das theoretische Rechtfertigen des eigenen Versagens, die Verstellung (er meint nicht, was er sagt), das opportunistische Verhalten gegenüber den Brandstiftern, die berechnende Anbiederei und schließlich die Handlangerdienste für die zerstörenden Kräfte.«

(Programmheft 12/1964, 3. Juli, Hans-Otto-Theater, Potsdam)

»Gottlieb Biedermann ist ein Geschäftsmann kapitalistischer Prägung, ausgestattet mit durchschnittlicher Skrupellosigkeit, einem spießbürgerlichen Bierseidel-Horizont und einer anspruchsvoll-extravaganten Repräsentationsgattin.«

(H. Meyer. In: [Ost-]Berliner Rundfunk, 21. August 1964)

»Frisch hatte bei dieser Figur wohl [...] die betulichen Schweizer Landsleute und alle die im Auge, die nach dem Motto ›Meine Ruh will ich haben‹ leben.«

(W. Schroeder. In: Liberal-Demokratische Zeitung, DDR, 10. November 1966)

»Biedermann ist der Vertreter des leichtgläubigen und lenkbaren Konjunkturmenschen schlechthin: sein Standpunkt ist die Standpunktlosigkeit. [...] Frischs Biedermann ist seinem Dichter [...] die Versinnbildlichung Jedermanns im zwanzigsten Jahrhundert, das heißt des Massenmenschen, der, selber nicht mehr schöpferisch, Werte nur noch umsetzt und verwaltet, die von anderen geschaffen wurden, der Untertan des Geschäftslebens, der Behörden und Verwaltungsorgane.«

(C. Petersen: Max Frisch. Berlin 1966. S. 76 ff.)

»Der Bürger wird von Max Frisch als das Gegenbild des Intellektuellen gestaltet. Der Intellektuelle ist sich seiner Selbstentfremdung bewußt. Er weiß um die Rollenhaftigkeit seines Daseins, und er kennt die Schwierigkeit, der Wahrheit in Handlung und Sprache Ausdruck zu verleihen. Die Haltung, die aus diesem Wissen entspringt, äußert sich in Flucht und Schweigen. Der Bürger dagegen weiß nichts und will nichts wissen. Die Vielschichtigkeit seines Daseins bleibt ihm verborgen. Er spielt die Rolle, die ihm den größten Vorteil verspricht, und bedient sich der Worte, die ihm am meisten zu nützen scheinen. Seine Wahrheit ist allein der eigene Vorteil; er bestimmt seine Handlungen und lenkt seine Sprache.«

> (A. Weise: Untersuchungen zur Thematik und Struktur der Dramen von Max Frisch. Göppingen 1969. S. 88 f.)

»L'intrigue est schématique; mais la démonstration subsiste si l'on veut la transporter dans d'autres décors et à d'autres époques. En moins dramatique. M. Biedermann peut s'appeler aussi Perrichon ou Jourdain.«

> (L. V. In: Le Soir, Bruxelles, 20. Juni 1958. Zitiert nach: Züricher Kritikensammlung, S. 9)

f. Zum Nachspiel

»Das Nachspiel hat Max Frisch erst nach der Zürcher Uraufführung von 1958 geschrieben, nämlich dann, als ›Biedermann und die Brandstifter‹ an westdeutschen Bühnen gespielt werden sollte. Die Komik ist hier genauso grotesk wie skurril. Aber die Parabel wandelt sich in eine ganz deutliche Allegorie auf das scheinbar ›noch einmal davongekommene‹ Wirtschaftswunderland Bonnesien. Damit die Biedermänner in den Zuschauerräumen der westdeutschen Theater unserer Tage nicht die faule Ausrede des Nicht-Betroffenseins geltend machen können, wird der Autor jetzt ganz deutlich.«

> (W. Bankel. In: Programmheft der Städtischen Theater Leipzig, 1964)

»In einem Nachspiel weist Frisch mit Nachdruck auf die Gefahr einer Wiederholung solch selbstmörderischer Haltung hin. [...] Dieses Nachspiel zielt eindeutig auf die neofaschi-

stische Entwicklung in Westdeutschland. Und man fühlt sich
dort auch haargenau getroffen. Man kann zwar Frisch nicht
totschweigen, aber in den meisten westdeutschen Aufführungen wird das bezeichnende Nachspiel einfach fortgelassen.«

(H. Meyer. In: [Ost-]Berliner Rundfunk,
21. August 1964)

»Nicht umsonst hat Frisch speziell für die westdeutsche Erstaufführung das zusätzliche ›Nachspiel in der Hölle‹ geschrieben. Er weiß, wo die Zeichen des Unheils, vor denen sein
Chor so eindringlich warnt, schon wieder drohend am Himmel stehen.«

(H. U. Eylau. In: Märkische Volksstimme,
DDR, 17. September 1964)

»Da wird das Nachspiel in der Hölle schon deutlicher, denn
die Kriegsbrandstifter sind alle – und damit wir wieder beim
Kern des Stückes – im (Bonner) Himmel.«

(N. N. In: Das Volk, DDR, 29. November 1966)

»Es geht über die ursprüngliche Fabel hinaus, sie im Hinblick
auf die deutlichen Tendenzen der Neofaschisierung und Re-
militarisierung in Westdeutschland fortführend, die Aussage
verschärfend.«

(G. Mueller-Stahl. In: Programmheft Nr. 19
[1967/68] Theater der Bergarbeiter Senften-
berg)

»Frisch hat zu der ursprünglichen Fassung noch ein Nachspiel geschrieben, wobei die Dinge auf die Spitze getrieben
werden, indem diese Biedermänner für ihre Duldung der
Brandstiftung noch Schadenersatz und Wiedergutmachung
verlangen, wie das ja bei den alten Militärs in Bonn an der
Tagesordnung ist.«

(H. Haufe. In: Der Morgen, DDR,
19. Juni 1970)

»Das Stück gewinnt im ›Nachspiel‹ aber noch eine Dimen-
sion hinzu. Es ist nicht nur Biedermann, der scheiterte und
schuldig ist. Der Himmel selbst hält sich nicht mehr an die
Zehn Gebote, sichere Höllenkandidaten werden vom Himmel begnadigt, der Himmel von Höllenkunden unterwan-

dert, und ohne Himmel keine Hölle. Teufel und Beelzebub treten in Streik, und so geraten wir in eine Höllenkrise; wir, Biedermänner, in einer höllenlosen Gesellschaft. Die Teufel kehren zur Erde zurück, sicher ausreichende Beschäftigung in der aus Glas und Chrom neu errichteten Stadt, die schöner denn je, reicher denn je, ›aber im Herzen die alte‹ ist.«

(S. Unseld. In: Programmheft der Städtischen Bühnen Frankfurt am Main 4 (28. August 1958)

»Das Nachspiel hält die Höhe der Komödie nicht. [. . .] Dies Nachspiel ist nicht ohne Witz erfunden [. . .]. Der Haken ist, daß das Nachspiel einen neuen Aspekt in die Sache Biedermann bringt und die läuternde Wirkung des Hauptspiels durch den kabarettistisch-spielerischen Einschlag verwässert.«

(K. Korn. In: Frankfurter Allgemeine Zeitung, 1. Oktober 1958)

»In Zürich, wo die bissige Satire zum erstenmal geboten wurde, folgte, um den Abend auf die gehörige Länge zu bringen, die kurzweilige Farce von der ›Großen Wut des Philipp Hotz‹. Das Gespann paßte jedoch nicht recht zueinander. Deshalb wurde Frisch bedeutet, er täte gut daran, das Brandstifterstück auf andere Weise abzurunden. Mit ›Biedermann in der Hölle‹ ist dies geschehen. [. . .] Biedermann und Frau sind noch immer so borniert, daß sie wähnen, sich im Himmel zu befinden, obschon gräßliches Geschrei und Feuerzungen sie eines Schlimmeren belehren müßten. ›Nur nicht den Glauben verlieren!‹ rät Biedermann und bringt das Publikum in einen Lachanfall. Wie vorauszusehen, sind auch Schmitz und Eisenring in der Hölle anzutreffen – jedoch nicht als verdammte Seelen, sondern als Beelzebub und Höllenfürst. Es ist eine Überraschung, jedoch keine freudige. Mit diesem Einfall, dieser Pointe hebt nämlich Frisch die Wirkung von ›Biedermann I‹ großenteils auf. – Die Wirkung bestand darin, daß die irdische Feuersbrunst nicht das Werk von Wesen aus einer anderen Welt, sondern von einer bestimmten Sorte von Menschen ist, die sich darauf verstehen, die Dummheit und selbstmörderische Gutmütigkeit ihrer Opfer auszunutzen. Um dem Anschlag zu entgehen, hätte Biedermann nur Alarm schreien und nach der Polizei rufen müssen. – Frisch appelliert ja an die Courage der Bürger. Mit Brandstiftern

kann man, wenn man nur Mut hat, fertig werden. Wenn sie
sich aber, wie ›Biedermann II‹ zeigt, als höllische Dämonen
entpuppen, ist mit Bürgercourage nicht viel auszurichten. Wir
kleinen Biedermänner können uns doch nur Gott befehlen,
wenn der Teufel seine Hand im Spiele hat, ist jetzt der Te-
nor des Stückes. Diese Konsequenz hat Frisch nicht bedacht.
Mit der Metaphysik ist nicht zu spaßen. [...] Wenn schon
Aggressivität, dann auch ohne Rückversicherung. Wenn schon
der Himmel gelästert wird, dann soll es der wahre Himmel
sein. [...] Schließlich entbehrt es jeder Höllenlogik, daß die
Teufel zur Erde zurückkehren. Was wollen sie dort? Abermals kleinen Biedermännern den Garaus machen? Des ersten
sind sie ja schon überdrüssig. Die halbe Frisch-Uraufführung
ist eine halbe Sache.«

(G. Schön. In: Frankfurter Nachtausgabe,
1. Oktober 1958)

»Das erst im August für die Frankfurter Aufführung ange-
stückelte ›Nachspiel‹ macht nicht deutlicher, was das Stück
will. Zwar erfahren wir hinterdrein, daß Sepp und Willi,
die beiden Brandstifter, in Wahrheit Abgesandte der Hölle
sind, nur bringt es uns nicht weiter, wenn etwa das Ehepaar
Biedermann in der Verdammnis mit kleinen Gelegenheits-
dieben und Kriegsdienstverweigerern auf eine Stufe gestellt
wird. Der Schrei des Papageien und das Gequäke des Säug-
lings lassen sich als Programmpunkte der Höllenqualen
schwer entziffern. Die Anspielungen auf das Come back der
Hitler-Generalität und Deutschlands Auferstehung [...]
verpufften denn auch, weil, wie in so manchen anderen An-
sätzen die Konsequenz, das Zu-Ende-Denken des Autors,
fehlt. Hätte das Bühnenstück (wie seinerzeit das Hörspiel)
mit der dreifachen Gasometerexplosion geschlossen – es wäre
wie die drei Punkte gewesen, von denen man auf unausge-
sprochene Gedanken des Autors hätte schließen können.«

(E. Lissner. In: Frankfurter Rundschau,
1. Oktober 1958)

»Unklarheiten in der Konzeption gibt es auch im Nachspiel
in der Hölle. Diesen satirischen Epilog hat Max Frisch dem
Stück erst bei der deutschen Erstaufführung an den Städtischen Bühnen Frankfurt/Main nachgestellt, ohne Zweifel aus

der Erwägung, die Aktualität von ›Biedermann und die Brandstifter‹ besonders zu unterstreichen. Gewiß gibt es darin auch einige sehr treffende satirische Einfälle. [...] Problematische Folgen hat jedoch die witzige Idee, die Brandstifter im Stück mit den Teufeln im Nachspiel identisch sein zu lassen. Die Fabel kompliziert sich dadurch unnötig, und überdies wird Biedermann und allen Gleichgesinnten im Parkett, an die er sich mit der Frage wendet ›Was hätten Sie an meiner Stelle getan?‹ eine billige Ausrede in die Hand gespielt: Gegen den Teufel kann man eben nichts machen!«

(D. Kranz. In: Theater der Zeit, [Ost-]Berlin 14 [1959] H. 4, S. 52)

»›Biedermann und die Brandstifter‹ ist ein völlig in sich abgeschlossenes, selbständiges Stück, das nicht dringend nach einem Nachspiel ruft.«

(E. Stäuble: Max Frisch. St. Gallen ³1967. S. 120 f.)

»Hier, in dem auch künstlerisch reifsten, schlagkräftig witzigen Epilog, ist Max Frisch wirklich klar: Er spricht ein Verdammungsurteil über den neofaschistischen Adenauer-Staat. [...] Das Nachspiel sagt uns am meisten. Das Ganze ... bei aller Begabung des Autors, unsere sozialistische Dramatik, selbst die weit geringerer Könner, steht hoch über dem, was hier gegeben ist.«

(W. Pollatschek. In: Berliner Zeitung, DDR, 24. Dezember 1961)

»Der ›Biedermann‹ ist ein Stück der zu Ende gedachten Ausflüchte, die in die allgemeine Katastrophe münden. Das Stück hat, wenn man so will, nur einen ›Fehler‹: es ist allein nicht abendfüllend, auf der anderen Seite in sich so konsequent zu Ende gedacht, daß es das Nachspiel, das Frisch angehängt hat, nicht mehr benötigt, nicht mehr erträgt. – Was wie eine verschärfende Bestätigung der Unbelehrbarkeit des traurigen Helden wirken soll, wird zur verharmlosenden, weil keineswegs zwanghaften Fortsetzung. So witzig der Einfall sein mag, daß Biedermann sich auch nach seinem schmählichen Ende nichts anderes vorstellen kann, als im Himmel zu sein – und hier nach Wiedergutmachung, nach seinem Recht verlangt –, so sehr wird das Stück im ›Nachspiel‹ zum bloßen

politischen Kabarett, wenn in der Hölle Teufel und Beelzebub mit Streik drohen, weil die uniformierten Verbrecher
vom Himmel amnestiert wurden. Frischs berechtigter galli-
ger Spott über die Entnazifizierung und Rehabilitierung der
am Krieg beteiligten Militärs hat hier kein Stück mehr her-
vorgebracht, sondern einen (gewiß sehr scharfen und witzigen) Kabarett-Kommentar zu diesem zeitgeschichtlichen
Thema. So droht dem Lehrstück im Nachspiel die Gefahr,
daß es sich zur bloßen Kabarettpointe verengt.«

(H. Karasek: Max Frisch. Velber bei Hannover.
Friedrich ³1969. S. 76)

3. Zur Bremer Fernsehbearbeitung

»Als man nun die Ankündigung hörte, das Fernsehen werde
eine fernseheigene Fassung der Machtergreifungs-Parabel bringen, begann man um das Stück zu bangen. Jedoch sehr zu
Unrecht. Denn Frisch und sein Regisseur *Rainer Wolffhardt*
hatten sich tatsächlich etwas ersonnen, was die Feuerwehr-
chöre und die Zwiesprachen Biedermanns mit dem verehrten
Theaterpublikum wirksam und ›mediengerecht‹ ersetzte. Biedermann wurde jetzt von einem Fernsehreporter über die
Brandgeschichte interviewt, zur Person vernommen, in einer
fiktiven Serie ›Der unbekannte Zeitgenosse‹, in der Fernseh-
bräuche bissig und wirksam parodiert wurden und Biedermanns Unbelehrbarkeit unaufdringlich-schnöde zu ihrer satirischen Wirkung kam. Am Schluß verbrannten dann nicht
nur Stadt, Biedermann und Haus – die Zündschnur der
Brandstifter züngelte auch in das Studio, so daß der Interviewer die Rolle spielte, die im ursprünglichen Stück dem
Intellektuellen zugedacht ist. Er wollte noch etwas sagen,
verrutschte aber, war nicht mehr zu vernehmen. Die Brandstiftung wuchs sich zur vielbeklagten Bildstörung aus. Schon
allein wie sich hier ein Informationsmedium in die Gleichung
von der Unbelehrbarkeit selbstkritisch einbezog, wirkte er-
munternd und erfreulich. [...]
So war die Sendung aggressiv und werkgerecht, vom Fernsehen nicht mit irgendwelchen faulen Tricks eingemeindet,
sondern mit Überlegung zu einer eigenen Sache gemacht. Da
Frischs ›Biedermann‹ in den verblödelten Chören auch den
erhabenen Schicksalsbegriff der antiken Tragödien dem Zeit-

genossen als Entschuldigung aus den Fingern schlägt, war das Fernsehen gut beraten, dafür nach einer Entsprechung zu suchen. Daß es sich dabei, wie gesagt, selbst in die Travestie einbezog, war eine Lösung, die sich zur Nachahmung empfiehlt. Nach so viel abfotografiertem Theater ein Lichtblick. (Bremen)«

(H. Karasek. In: Stuttgarter Zeitung, 18. April 1967)

»Offenbar in dem Glauben, es für Fernsehzuschauer mundgerechter machen zu müssen, oder gar eine besondere Form zu entwickeln, löste er das Stück auf, machte es zu einem Interview mit unklaren Rückblenden, bis von der Substanz nur noch ein Rest übrigblieb, der dann noch undeutlich genug war. Die zwingende, wenn auch absurde Handlungsweise des Herrn Biedermann, eines Charakters, der so handeln mußte, weil er nicht anders konnte, stellvertretend für alle, die ihm ähneln, das alles löste sich in einem Interview auf, das so banal war, wie es das Stück selbst nie hätte sein können.«

(v. In: Badische Zeitung, 22. April 1967)

»Dieser ganze, die immer klug kommentierende, doch leider leicht verspätete Feuerwehr repräsentierende Chor entfällt überhaupt; mit ihm der literarisch wertvollste und gedanklich klärendste Teil des Textes. Ratlos fragt man sich, was einen intellektuell so bewußt disponierenden Autor wie Frisch dazu bewogen haben mag, dem neuen Medium ein derart selbstmörderisches Opfer zu bringen. Hat er sich von den Fernsehleuten einreden lassen, bei ihnen dürfe eine Handlung sich nicht verwirrend selbst in Frage stellen? Dann wäre die allzu simple Rechnung nicht aufgegangen. Denn wer nun in Frage stellt und begreiflicherweise keine Antwort kennt, ist der Zuschauer.
Wie soll der nun eigentlich ahnen, was hinter diesem fahrigen, mal auftrumpfenden, dann wieder weinerlichen Herrn Biedermann steckt, der da, noch dazu durch ein fingiertes Verhör in die Enge getrieben, die ganz und gar unfaßbare Geschichte zu schildern hat, wie er, der doch offenbar erfolgreiche und harte Geschäftsmann, es nicht fertigbrachte, zwei Stromern die Tür zu weisen, die auf seinem Dachboden ein

regelrechtes Benzinlager einrichten und sich mit entwaffnen-
der Offenheit als Brandstifter zu erkennen geben? Ohnehin
klang ja schon die Geschichte in ihrer Urform ein bißchen
wie eine an sich kaum nötige Mahnung an Haus- und son-
stige Besitzer, auf ihr Hab und Gut ein wachsameres Auge
zu haben, und ein zeitweilig angehängtes Nachspiel stellte
zwar manches richtig, brachte einige nicht immer taufrische
Scherze, warf im übrigen so viel neue Fragen auf, daß man
es bald fallen ließ. [...] Das Ganze bleibt eben doch, ohne
gültige Deutung, im eigentlichen Sinne be-deutungslos.«

(W. M. G. In: Süddeutsche Zeitung,
19. April 1967)

»Warum also *Rainer Wolffhardt* in seiner Fernsehbearbeitung auf den Hörspieltext zurückgegriffen hat, ist nicht recht
zu verstehen. Vermutlich nur deswegen, weil er fürchtete,
daß der Chor des Schauspiels ihm die Theaterdiktion auf-
drängen könnte. Dem muß man entgegenhalten, daß die
Hörspielfassung sich noch weniger fernsehgerecht machen
läßt. Die ständigen Gesprächseinschübe sind nichts weiter als
eine unliebsame Unterbrechung der Handlung. Denn was
das Hörspiel akustisch zu leisten vermag, indem es auf zwei
Ebenen verläuft, wirkt ins Optische umgesetzt, wie der Glüh-
birneneffekt einer Girlande im Biergarten. Es bleibt schumm-
rig. Wolffhardt hat eine Ahnung davon gehabt, sonst hätte
er nicht zu dem Gag gegriffen, nach jedem Zwischengespräch
den Reporter ein Fernsehgerät einschalten zu lassen, auf dessen Schirm dann die nächste Szene gewissermaßen nachge-
spielt wurde. So war die Kontinuität jedesmal geplatzt. Das
Szenarium geriet in die bloße Komik. Denn Theater auf dem
Theater ist noch immer Theater. Fernsehen im Fernsehen
rückt in die Nähe der Dokumentation. Und das ist das Stück
gerade nicht.«

(H. L. In: Badische Neueste Nachrichten,
22. April 1967)

»Wie aber will man z. B. ein Sonntagabendpublikum gewinnen, wenn man es macht wie Radio Bremen und das Stück
von Max Frisch ›Biedermann und die Brandstifter‹ ablaufen
läßt, ohne das kleinste, hilfreiche Wort der Erklärung. Dabei hätte die Anstalt mit Stolz darauf hinweisen können,

daß es sich hier um die Erstaufführung einer neuen Fassung
handelte, die eigens für das Fernsehen geschrieben wurde.
Nichts davon und erst recht nichts davon, daß es sich um ein
Gleichnis handelt, daß man die Brandstifter als eine politische Gesellschaft sehen soll. ›Friß, Publikum, oder schalt‹
ab‹ – und es ist hundert zu eins zu wetten, daß kräftig abge-
schaltet wurde, weil man für baren Unsinn nehmen mußte,
was doppelten Boden hatte.
Im übrigen: Max Frisch hat den ›Chor‹ der Feuerwehrleute
in dieser Fassung fallen lassen und ihn durch die neue Figur
eines Reporters ersetzt. Es geht jetzt sachlicher zu, als auf
der Bühne, aber auch weniger beängstigend. Als das letzte
Bild auftaucht, die Ansicht einer bombenverwüsteten Groß-
stadt, ist es für das eigentliche Verständnis zu spät.«

(E. J. In: Frankfurter Allgemeine Zeitung,
21. April 1967)

»Auch Rekonstruktion des Sachverhalts vor dem Fernseh-
schirm hilft nichts. Der im Stil von Günter Gaus entlarvende
Reporter fliegt genauso in die Luft. Dieses hinzugefügte
Ende verblüfft zunächst, man ist geneigt, es als Gag zu emp-
finden. Doch je mehr man darüber nachdenkt, um so mehr
kommt man von dieser Sicht ab. Das Stück hat eine Dimen-
sion dazugewonnen. Schließt in der Originalfassung der Chor
mit einem unverbindlichen Wehklagen, so ist jetzt das Resul-
tat eindeutiger und – schrecklicher: Weder den zu flexibler
Verhaltensweise erzogenen Menschen ist es möglich, finstere
Aktivitäten zu bekämpfen noch der für Spott anfällige Sach-
typ erkennt in seiner scheinbaren Souveränität rechtzeitig die
Wühlarbeit des Zersetzenden. Gibt es überhaupt eine Me-
thode dagegen? Es wäre schön, nähme ein denk- und sprach-
gewaltiger Schreiber sich dieses Restes Unsicherheit an.«

(frö. In: Stuttgarter Nachrichten, 18. April 1967)

V. Texte zur Diskussion

1. Max Frisch zur Thematik des Stücks

»Der bekannte Vorwurf, daß die Menschen aus der Geschichte [Weltgeschichte] nichts lernen, ist so unsinnig wie aufschlußreich; im übrigen lernen sie das eine und andere, aber das ändert die Geschichte nicht, weil sie nicht ein Ergebnis der Geschichte ist, sondern ein Einfall, der die Geschichte ändern muß, um sich auszudrücken.«[1]

(Frisch: Unsere Gier nach Geschichten. In: Die Weltwoche, Zürich, 4. November 1960)

»Jeder Verlauf, der dadurch, daß er stattfindet, andere Verläufe ausschließt, mündet in die Unterstellung eines Sinns, der ihm nicht zukommt, der nicht gemeint ist. Das ist es doch, was durch Unwahrheit langweilt; das Gespielte hat einen Hang zum Sinn, den das Gelebte nicht hat. Die klassische (und wenn einer sie schriebe:) tröstlich erschütternde Szene, wie beispielsweise Hitler zum deutschen und europäischen Schicksal wird, hat in Wahrheit nie stattgefunden; was sich als unaufhaltsam etabliert, also Schicksal, ist bloße Summierung. Das wissen wir nun einmal, und wir wollen uns vom Theater, nur weil es noch keine Dramaturgie für den Zufall hat, nicht hinters Licht führen lassen. Um im Beispiel zu bleiben: Hätte der 20. Juli nicht auch gelingen können und zwar mit den gleichen Figuren? Kein Stückeschreiber heute könnte es als Peripetie verkaufen, daß jene Bombe, die richtig plaziert und dann zufälligerweise um einige Meter verschoben worden ist, vergeblich krepierte. So war es halt. Und dasselbe gilt für jede Geschichte, ein So-war-es-halt; es gilt genauso für die fiktive Geschichte. Jeder Versuch, ihren Verlauf als den einzig möglichen darzustellen und sie von daher glaubhaft machen zu wollen, ist belletristisch; es sei denn, man glaube auch außerhalb des Theaters an die Vorsehung und somit (unter anderem) auch an Hitler.«

(Frisch: Schillerpreis-Rede [1965]. In: Öffentlichkeit als Partner. Frankfurt a. M.: Suhrkamp 1967. S. 98 f. Vgl. Max Frisch: Dramaturgisches. Ein Briefwechsel mit Walter Höllerer. Berlin 1969. S. 8 f.)

1. Vgl. das Nachwort zum Hörspiel. In: Spectaculum. Texte moderner

»[...] sicher ist nicht Schicksal, sondern lediglich ein Tatbestand, nicht unabänderbar, was in Vietnam und anderswo geschieht.«

> (Frisch: Endlich darf man es wieder sagen [1966]. In: Öffentlichkeit als Partner. Frankfurt a. M.: Suhrkamp 1967. S. 148)

»Alle meine früheren Stücke suchten ihre Glaubwürdigkeit mit mehr oder weniger Gelingen darin, daß sie die Fabel als nicht-zufällig demonstrierten, als zwangsläufig unter den jeweils gegebenen Umständen. Je lückenloser die theatralische Demonstration, daß Biedermann, so wie er durch sein Milieu bestimmt ist, eigentlich nicht anders handeln kann als idiotisch, umso überzeugender wäre das Stück. [...] Der Zufall hat in dieser Dramaturgie keinen Platz. Wie beim physikalischen oder chemischen Experiment schafft man sich im Labor die idealen Bedingungen; es wird nur interessant, wenn der Zufall eliminiert ist. Es entsteht, was man ein Modell nennt, das bedeutet in der Regel, nämlich ohne störende Zufälle, verläuft die Sache so und nur so. [...] Ansatzmöglichkeiten zu einer Dramaturgie, die den Zufall als Element der Beliebigkeit in unser Kunst-Spiel einbezieht, meine ich zu sehen bei der Arbeit am letzten Stück ›Biografie: ein Spiel‹, davor im Roman ›Mein Name sei Gantenbein‹.«

> (Frisch: Dramaturgisches. Ein Briefwechsel mit Walter Höllerer. Berlin: Literarisches Colloquium 1969. S. 12 f.)

»Die zentrale Frage, vor der wir stehen, ist natürlich die Frage nach der Gewalt. – Ich fürchte die Gewalt. Daher liebe ich die These, nur die Vernunft könne verändern, nur die Vernunft.«

> (Frisch in: Fernsehsendung der ARD: Ich brauche eine Werkstatt. Menschen, Dinge und Verhältnisse im Blickpunkt von Max Frisch. 3. Mai 1970)

»Gibt es einen Zweck, der unsere Mittel heiligen kann? Darf ich die anderen fesseln und allenfalls töten, die verhindern

Hörspiele. Frankfurt a. M. 1963. S. 427. Nach »aufschlußreich« heißt es dort: »Nur die Erfahrung ändert alles [...] Die Erfahrung dichtet, und die Dichtung ändert die Welt, wenn auch nicht im vordergründigen Sinne« (Frisch).

wollen, was mir als das Heil erscheint. Errichte ich damit das
Heil, das ich sonst nicht errichten kann?«

> (Frisch: Tagebuch 1946–1949. Frankfurt a. M.:
> Suhrkamp 1950. »Prag, März 1947«)

»Aufklärer mit Bereitschaft zur Gewalt, dabei die Zauber-
formel: Gewalt gegen Sachen, nicht gegen Personen. Und
wenn die Sachen bewacht werden von Personen? Es wird
Tote geben.«

> (Frisch: Tagebuch 1966–1971. Frankfurt a. M.:
> Suhrkamp 1972. »Berzona, März 1968«. Vgl.
> ebd., S. 75–86, 336–341, 347–352)

»Henrik Ibsen sagte:
›Zu fragen bin ich da, nicht zu antworten.‹
Als Stückschreiber hielte ich meine Aufgabe für durchaus er-
füllt, wenn es einem Stück jemals gelänge, eine Frage der-
maßen zu stellen, daß die Zuschauer von dieser Stunde an
ohne eine Antwort nicht mehr leben können – ohne ihre
Antwort, ihre eigene, die sie nur mit dem Leben selber geben
können.«

> (Frisch: Tagebuch 1946–1949. Frankfurt a. M.:
> Suhrkamp 1950. »Café Odeon, 1946«)

2. Zitate zu Formproblemen

»Man muß immer vom Künstlerischen her an das Werk her-
ankommen und nicht vom Pädagogischen.«

> (Frisch: Zeitungsinterview mit Ernst Steiner.
> In: Berner Tagblatt, 26. Januar 1958. Zitiert
> nach: M. Jurgensen, Max Frisch. S. 72)

»Die Kunst, sofern sie nicht miserabel ist, hat nun einmal
etwas Kulinarisches.«

> (Frisch: Der Autor und das Theater [1964]. In:
> Öffentlichkeit als Partner. Frankfurt a. M.:
> Suhrkamp 1967. S. 73)

»Die Parabolik ist immer antinaturalistisch verfremdend, sie
zeigt nicht das Einmalig-Unwiederholbare, sondern den Ty-
pus, verlangt Groteske und Witz, nicht den gemächlichen
Humor.«

> (W. Jens: Deutsche Literatur der Gegenwart. The-
> men, Stile, Tendenzen. München 1961. S. 146)

»Die Geschehnisse dürfen sich nicht unmerklich folgen, sondern man muß mit dem Urteil dazwischen kommen können. [. . .] Die Teile der Fabel sind also sorgfältig gegeneinander zu setzen, indem ihnen ihre eigene Struktur, eines Stückchens im Stück, gegeben wird.«

(B. Brecht: Gesammelte Werke. Bd. 16. Frankfurt a. M. 1967. S. 694)

3. Zitate zum Inhalt

»Auch sind wir in unsern Begriffen von einem waltenden Schicksal absprechender worden; wir wollen ein Verhängnis nicht mehr glauben.«

(J. G. Herder: Aus: Adrastea. In: Sämtliche Werke. Hrsg. von B. Suphan. Berlin 1885. S. 389)

»Wer sich nicht mit Politik befaßt, hat die politische Parteinahme, die er sich sparen möchte, bereits vollzogen; er dient der herrschenden Partei.«

(Frisch: Tagebuch 1946–1949. Frankfurt a. M.: Suhrkamp 1950. »November 1948«)

»›Mea res agitur‹ lautet das erste Gebot der Moderne. Wer kritisiert, nimmt sich nicht aus, im Zeichen der Bombe sind Gesellschaftskritik und Selbstanalyse identisch, nur der Betroffene trifft.«

(W. Jens: Deutsche Literatur der Gegenwart. Themen, Stile, Tendenzen. München 1961. S. 82)

»Wo das Bewußtsein schwindet, daß jeder Mensch uns als Mensch etwas angeht, kommen Kultur und Ethik ins Wanken.«

(A. Schweitzer: Verfall und Wiederaufbau der Kultur. München 1923. S. 14)

»L'hypocrisie est un hommage que le vice rend à la vertu.«[2]

(La Rochefoucauld: Reflexionen oder moralische Sentenzen und Maximen [1665] Nr. 218. Zitiert nach: Spruchwörterbuch. Leipzig 1907, ³1934. S. 399)

»Wer dich einmal betrügt, tut dir unrecht, wer zweimal, tut dir recht.«

(Sprichwort)

2. Übersetzung: Heuchelei ist eine Huldigung des Lasters an die Tugend.

4. Dokumente aus der Zeitgeschichte

Der Werdegang der neuen Männer

Reichskanzler Adolf Hitler

Obwohl wir es als selbstverständlich voraussetzen, daß jeder Anhänger unserer Bewegung mit dem Leben des Führers vertraut ist, geben wir nachstehend kurz die wesentlichen Daten aus dem Leben Adolf Hitlers, da heute zum »Völkischen Beobachter« zahllose greifen werden, die sich noch nicht in unsere Bewegung eingegliedert haben.

Der Führer wurde als Sohn des österreichischen Zollbeamten Alois Hitler am 20. April 1889 in Braunau am Inn, einem einst altbayerischen Städtchen, an der österreichisch-bayerischen Grenze geboren. Der Vater hatte sich als Waise vom armen Bauernjungen zum Zollbeamten emporgearbeitet. Die Mutter stammte ebenfalls aus einer deutschen Bauernfamilie. Mit 13 Jahren *verliert er den Vater, mit 17 Jahren die Mutter.* Adolf Hitler besuchte damals nach der Volksschule die *Realschule in Linz* an der Donau. Er soll nach Wunsch des Vaters Staatsbeamter, will aber nach eigenem Wunsch Künstler werden. Der Tod der Mutter zwingt ihn, sofort selbst das tägliche Brot zu verdienen.

Hitler geht mit 17 Jahren nach Wien, versucht sich zum Architekten auszubilden und erwirbt sich dabei den Lebensunterhalt aus eigener Kraft, zunächst als Bauarbeiter, Betonmischer, später als Zeichner und Kunstmaler für Architekturen. Mit 18 Jahren nimmt er bereits Anteil am politischen Leben, wird *Anti-Marxist,* ohne aber irgendwie führend hervorzutreten. *Hitler* ist seit seiner Jugend *fanatischer Nationalist* und versucht die sozialen Erfahrungen seiner Arbeiterzeit mit seiner nationalistischen Überzeugung zu vereinen. Er leidet jahrelang in Wien schwere und bittere Not.

1912 übersiedelt er nach *München,* lernt und studiert. Er hat keine Jugend des Vergnügens gekannt, sondern seit dem Tage, da er mit 50 Kronen von zu Hause fortging, nur Arbeit und *Entbehrungen.*

1914 wird er im Februar bei einer Nachstellung endgültig vom *österreichischen Heeresdienste* befreit. 6 Monate später bricht der Weltkrieg aus.

Er meldet sich sofort zum *Eintritt in die deutsche Armee* und erhält durch ein Immediatgesuch an König Ludwig von Bayern die Erlaubnis, als Kriegsfreiwilliger in ein bayerisches Regiment einrücken zu dürfen. Am 10. Oktober 1914 marschiert das neue Regiment aus.

Am 2. Dezember 1914 erhält der 25jährige Kriegsfreiwillige schon das Eiserne *Kreuz II. Klasse.*

Infolge der bei dem Sturm auf den »Bayernwald« und bei den übrigen Kämpfen in der Gegend von Wytschaete bewiesenen Tapferkeit erhält er den Befehl, *Dienst als Meldegänger* zu tun, der besondere Anforderungen an Mut und Zuverlässigkeit stellte, da die Meldungen oft durch schwerstes Feuer über freies Gelände getragen werden mußten. Bald ist sein Name im Regiment über den engeren Kreis seiner Kameraden hinaus bekannt.

Am 7. Oktober 1916 wird er durch Granatsplitter *verwundet.* Im März 1917 rückt er wieder zum Regiment ein. Er erhält eine Reihe weiterer Auszeichnungen, darunter ein Regiments-Diplom für hervorragende Tapferkeit in den Kämpfen bei Fontaines, endlich das *Eiserne Kreuz I. Klasse.*

Am 14. Oktober 1918 wird er mit zahlreichen Kameraden seines Regiments durch das von den Engländern zum ersten Male angewendete *Gelbkreuzgas schwer verletzt* und verfällt vorübergehend der Erblindung. Während er im Lazarett liegt, bricht unterdes die Revolution aus.

Nun beschließt Adolf Hitler *Politiker* zu werden.

1919 tritt er in einen kleinen Verein von 6 Mann ein und *gründet aus ihm die Nationalsozialistische Deutsche Arbeiterpartei.* Er skizziert in großen Zügen das Programm der neuen Bewegung, legt ihre Ziele und ihr Wesen fest.

Aus dem Verein von sechs Mann schuf Adolf Hitler *die größte aller deutschen Parteien* und die machtvollste Bewegung. Im Oktober 1922 marschiert Adolf Hitler mit 800 Mann nach *Koburg* und bricht dort in zweimal 24 Stunden zum ersten Male den roten Terror.

Im Januar 1923 findet der *erste große Parteitag* statt, die ersten Standarten werden geweiht. Die S.A. erhält ihre straffe Gliederung. In diesem Jahre verschärfen sich die Verfolgungen der nationalsozialistischen Kämpfer. Adolf Hitler wandert zum erstenmal *ins Gefängnis* wegen Störungen gegnerischer Kundgebungen. Er erhält unausgesetzt Geldstrafen.

Im November 1923 versucht der Führer in München, das

System zu stürzen. Die Erhebung mißlingt. Adolf Hitler wird verhaftet. Im März 1924 findet in München der große Prozeß gegen ihn und seine Unterführer statt. Noch kann ihn das sterbende System juristisch verurteilen, aber die Nation erkennt die gewaltige moralische Rechtfertigung dieses Mannes, der es wagte, zum ersten Male mit allen Mitteln gegen das verderbliche System anzurennen. Adolf Hitler wird zu fünf Jahren *Festungshaft* verurteilt. München aber feierte Hitler wie einen Triumphator.

Die N.S.D.A.P. leidet zwangsweise unter dem Verlust des Führers. In dieser Zeit wird von der Regierung der verbrecherische Dawes-Pakt unterzeichnet. Vergeblich läßt der Führer durch seine in Freiheit befindlichen Gefährten gegen den Dawes-Pakt Sturm laufen.

Am 20. Dezember 1924 verläßt Adolf Hitler die Festung. Zunächst wird noch gegen ihn ein für das ganze Reichsgebiet geltendes Redeverbot erlassen.

Am 27. Februar 1925 ruft Adolf Hitler zur Neugründung der Partei auf und spricht zum erstenmal nach seiner Haftentlassung wieder vor viertausend deutschen Menschen.

Da die nationalsozialistische *Bewegung aufgelöst* worden war und ihr gesamtes Vermögen beschlagnahmt wurde, beginnt Adolf Hitler, ohne die geringsten Mittel die Partei erneut aufzubauen.

Als der Führer bei der Reichspräsidentenwahl des Jahres 1932 kandidierte, konnte er, nachdem er auf einem Flug über ganz Deutschland in fast allen größeren Städten gesprochen hatte, beim ersten Wahlgang *über 11 Millionen Stimmen*, beim zweiten Wahlgang etwa 13½ Millionen Stimmen auf sich vereinigen.

Nachdem die Kabinette *Brüning*, *Papen* und *Schleicher* an ihrer Unvollkommenheit gescheitert waren, erfüllte der Reichspräsident die unabänderlich aufrecht erhaltenen Forderungen der Bewegung. Er ernannte Adolf Hitler, der den größten und besten Teil der Nation hinter sich hat, *zum Reichskanzler.*

(Völkischer Beobachter, 31. Januar 1933)

Nationale Erhebung
oder nationalsozialistische Machtergreifung?

Es war keine nationalsozialistische, sondern eine Koalitions-
regierung des »Nationalen Zusammenschlusses«, die mit Hitler als Reichskanzler am 30. Januar 1933 von Hindenburg
vereidigt wurde. Die Nationalsozialisten waren sogar in der
Minderzahl. Frick, der schon 1923 als bayerischer Amtmann
der Hitlerpartei Hilfestellung geleistet hatte und 1930 in
Thüringen als erster Nationalsozialist Minister geworden
war, erhielt das Innenministerium. Göring wurde Minister
ohne Geschäftsbereich (seit 28. April Minister für Luft-
fahrt) und zugleich preußischer kommissarischer Innenminister (seit 11. April Ministerpräsident). Als vierter Nationalsozialist trat am 13. März Goebbels in die Regierung ein,
für den ein »Ministerium für Volksaufklärung und Propaganda« geschaffen wurde. Diesen wenigen Nationalsozialisten
standen gegenüber Hugenberg als Wirtschafts- und Landwirt-
schaftsminister, v. Papen als Vizekanzler und Reichskommissar für Preußen und nicht weniger als vier Minister aus seiner eigenen letzten Regierung, nämlich Gürtner für die Justiz,
v. Neurath für das Auswärtige, Graf Schwerin v. Krosigk
für die Finanzen und Eltz v. Rübenach für Post und Verkehr.
Mit dem Arbeitsministerium wurde der Stahlhelm-Führer
Seldte betraut. Zur großen Enttäuschung Schleichers erhielt
das Reichswehrministerium v. Blomberg, der bisher Befehls-
haber des ostpreußischen Wehrbereichs gewesen war.
Das Kabinett stellte seinen Kurs unter das Schlagwort der
»nationalen Erhebung« und appellierte an die Zusammenarbeit aller nichtmarxistischen politischen Richtungen. Man hat
mit Recht gesagt, daß die Figur, die für die Stimmung jener Tage das beherrschende Symbol darstellte, Hindenburg
und nicht Hitler war. Endlich schien es gelungen, alle sogenannten nationalen Kräfte, die in der Weimarer Republik nur eine Übergangserscheinung gesehen hatten, zu
vereinigen. In den Fackelzügen, Feiern und dem nationalen
Überschwang jener Tage schien die von den Konservativen
und bürgerlichen Nationalisten, vom Reichspräsidenten,
der Reichswehr und dem Stahlhelm repräsentierte Tradition sich zu verbünden mit dem Erneuerungswillen der von
Hitler geführten Partei, wobei das Verhältnis dieser beiden

Kräfte in jenem weitverbreiteten Bild vom Staatsakt in
Potsdam am 21. März dargestellt zu sein schien, wo Hitler
barhäuptig und sich tief verneigend vor dem in seiner
Generalfeldmarschalluniform prangenden Hindenburg steht.
Die Illusion jener Tage, das konservative Mißverständnis
der »nationalen Erhebung«, ist bewußt und viele Gutwil-
lige irreleitend von der geschickten Propaganda, die Joseph
Goebbels inszenierte, weitergeführt worden. Auch der Auf-
ruf der Reichsregierung an 1. Februar an das deutsche Volk
war ganz auf diesen Ton der Versöhnung und der Ehrfurcht
vor den alten Traditionen eingestimmt.
Hugenberg und vor allem v. Papen, die damals allgemein als
die Hauptfiguren des Kabinetts angesehen wurden, glaubten,
durch die Art der Ämterverteilung die Nationalsozialisten
wirkungsvoll »eingerahmt« zu haben. Sie waren überzeugt,
daß es ihnen gelingen werde, diese zu »zähmen« oder zu
überspielen. »In zwei Monaten haben wir Hitler in die
Ecke gedrückt, daß er quietscht«, äußerte v. Papen gegenüber einem deutschnationalen Kritiker der Koalition; seine
Meinung war: »Wir haben ihn uns engagiert«. In Wirklichkeit hatte es sich schon am 30. Januar, und zwar vor der
Vereidigung gezeigt, wer von den Partnern der Stärkere
war. Hugenberg hatte die Koalitionsverhandlungen mit Hitler unter der Voraussetzung geführt, daß keine neuen Reichs-
tagswahlen stattfinden sollten. Die beiden Parteien, auf
die sich das Kabinett stützte, verfügten in dem bestehenden,
am 6. November 1932 gewählten Reichstag zusammen über
42 % der Stimmen. Das war zwar keine Majorität, aber eine
breitere parlamentarische Basis als diejenige der Präsidial-
kabinette Papen und Schleicher. Von Neuwahlen konnten
sich die Deutschnationalen nichts versprechen. Zudem war das
Zentrum zunächst bereit, die Regierung Hitler/Papen zu
dulden bzw. sich an ihr zu beteiligen. Ein abermaliger
Appell an den Wähler widersprach auch einer Verfassungs-
entwicklung, die nach dem Wunsche der Deutschnationalen
zu einer stärkeren Herausbildung der Präsidialgewalt hin-
führen sollte. Nun erhob jedoch Hitler noch vor der Vereidigung die Forderung nach sofortiger Reichstagsauflö-
sung und Neuwahlen in der Erwartung, im Besitz der Regie-
rungsmacht die Mehrheit zu gewinnen. Hugenberg, der sich
heftig dagegen wehrte, gab schließlich auf Drängen Papens

nach, um nicht die Bildung des neuen Kabinetts überhaupt zu gefährden. Sein Nachgeben in dieser Frage war symptomatisch. Die national-konservativen Koalitionspartner haben durch beruhigende Erklärungen zu den Vorgängen der nächsten Wochen wesentlich dazu beigetragen, die Illusion der »nationalen Erhebung« aufrechtzuerhalten.

Am 1. Februar wurde der Reichstag aufgelöst und die Neuwahlen für den 5. März angesetzt. Im Wahlkampf entfaltete sich die nationalsozialistische Propaganda in ungehemmter Weise, der Terror der SA und SS wurde nun von keiner staatlichen Gewalt mehr gezügelt. Noch vor dem Ermächtigungsgesetz schuf Hitler sich durch Notverordnungen aufgrund des Art. 48 die Machtbasis, von der aus er seine Herrschaft in Deutschland errichten konnte. Am 4. Februar wurde unter Hinweis auf eine kommunistische Aufforderung zum Generalstreik vom 31. Januar eine Verordnung »zum Schutz des deutschen Volkes« erlassen, die dehnbare Bestimmungen zur Kontrolle von Zeitungen und politischen Versammlungen enthielt und eine weitgehende Behinderung der Propaganda gegnerischer Parteien im Wahlkampf ermöglichte. Am 5. Februar verfügte Papen als Reichskommissar für Preußen die Auflösung sämtlicher preußischer Provinziallandtage und setzte Neuwahlen fest. Eine Notverordnung »zur Herstellung geordneter Regierungsverhältnisse in Preußen« vom 6. Februar übertrug alle der Regierung Braun-Severing noch verbliebenen Befugnisse auf die Kommissariatsregierung. Am gleichen Tage löste Papen den preußischen Landtag auf. Noch im Februar wurden in Preußen zahlreiche republikanische Beamte entfernt. Göring übernahm die Polizei. Damit waren die Voraussetzungen für die nationalsozialistische Machtergreifung in Preußen geschaffen.

Am 27. Februar brannte der Reichstag. Bis heute ist umstritten, wer die Hintermänner der Brandstiftung waren. Von seiten der Nationalsozialisten wurden sofort und noch vor jeder Untersuchung die Kommunisten für schuldig erklärt. Umgekehrt gab die Frage des cui bono sowie eine Reihe von kriminologischen sowie von brandtechnischen Anhaltspunkten der Vermutung Nahrung, daß die Nationalsozialisten selber die Täter oder Mittäter seien. Das Reichsgericht erklärte am 23. Dezember 1933 nur den Holländer van der Lubbe für schuldig und verurteilte ihn zum Tode.

Die mitangeklagten Kommunisten wurden freigesprochen. Neuere Untersuchungen scheinen die Alleintäterschaft van der Lubbes zu erhärten. Andere Forscher halten nach wie vor daran fest, daß hinter der Brandstiftung die Nationalsozialisten gestanden hätten. Von dieser in mancher Hinsicht offenen kriminologischen Frage nach der Täterschaft ist zu unterscheiden die historische Frage, wie der Brand von den Machthabern für ihre Zwecke ausgenutzt wurde. Hierin liegt seine eigentliche Bedeutung.

Noch in der Brandnacht ordnete Göring die Verhaftung der Abgeordneten und der führenden Funktionäre der KPD, das Verbot ihrer Presse und die Schließung der Parteibüros an, außerdem ein vierzehntägiges Verbot der sozialdemokratischen Presse in Preußen. Eine eilig vom Kabinett beschlossene »Verordnung zum Schutze von Volk und Staat« wurde schon am 28. Februar von Hindenburg erlassen. Durch diese »Reichstagsbrandverordnung« wurden die laut Strafgesetz für Hochverrat, Brandstiftung u. a. vorgesehenen lebenslänglichen Zuchthausstrafen zur Todesstrafe verschärft und die Grundrechte außer Kraft gesetzt.

(K. D. Erdmann. In: B. Gebhardt, Handbuch der deutschen Geschichte. Hrsg. von H. Grundmann. Stuttgart: Klett ⁸1975. Zit. nach dem Manuskript.)

Angela N a c k e n :

Prag 1948 – Exempel kommunistischer Machtergreifung. Gottwalds »Revolution« vor 25 Jahren fordert einen Leichtverletzten und die Freiheit

25. Februar 1948: Seit den Mittagstunden ziehen Belegschaften der Betriebe in breiten Kolonnen in die Prager Innenstadt. Die bewaffnete Volksmiliz, unter der Leitung der Kommunistischen Partei, steht als »Kampftruppe der Arbeiter« in Alarmbereitschaft. Am Vortage hatten zweieinhalb Millionen Arbeiter in 24 000 Betrieben der Tschechoslowakei für eine Stunde die Arbeit niedergelegt und mit dem Generalstreik gedroht.

Langsam füllen die mobilisierten Massen den Wenzelsplatz. Die 200 000 Teilnehmer der von der KPČ organisierten Kundgebung warten auf die Rückkehr des Parteivorsitzenden und Ministerpräsidenten Klement Gottwald vom Hradschin, der Prager Burg, wo er Staatspräsident Beneš die Vorschläge für die Zusammensetzung der neuen Regierung vorlegt. Wird der Präsident die Demission der zwölf nichtkommunistischen Minister annehmen und damit dem Druck der Straße nachgeben oder die kommunistische Lösung der seit fünf Tagen angeheizten Krise ablehnen? [...]

Ob der 25. Februar vor Anbruch der Nacht für die Kommunisten ein »Tag des Sieges« werden würde, als den die KPČ ihn heute feiert, hing in jener Stunde nur noch von Beneš ab, jenem Politiker, der im Londoner Exil selbst die ersten Weichen gestellt hatte zu einer Entwicklung, deren Opfer er und seine Politik wurden. Die kommunistische Machtergreifung, die als »Prager Putsch« in die westliche Geschichtsschreibung einging, fand in einem Lande statt, in dem die Kommunisten längst wenn nicht alleiniger Herr, so doch bestimmender Hauptmieter im Hause waren.

Als die demokratischen Kräfte es bemerkten, war es schon zu spät. Die Machtverhältnisse hatten sich, gut getarnt, längst geändert. Aber ihre Vorstellungen über Revolution entsprachen damals wohl mehr den Begriffen des 19. Jahrhunderts als der Taktik, mit der die Kommunisten ihren Machtanspruch zu verwirklichen suchten, den sie schon 1929 einmal angemeldet hatten.

Als Präsident Beneš nach dem Einmarsch der deutschen Truppen 1938 zum zweiten Mal nach London ins Exil ging, nahm er die Enttäuschung über die Haltung der Westmächte angesichts der Aggression Hitlers mit. Nach der Niederlage bei Stalingrad, die nahelegte, daß die ČSR von sowjetischen und nicht von westlichen Truppen befreit werden würde, begann er den Grundstein für eine Anlehnung der künftigen Nachkriegs-Tschechoslowakei an die Sowjetunion zu legen. Schon am 12. Dezember 1943 unterzeichnete Beneš in Moskau einen »Vertrag über Freundschaft, gegenseitige Unterstützung und die Zusammenarbeit nach dem Kriege«.

Darin kamen beide Seiten überein, »nach dem Kriege gemeinsam eine Politik stetiger Freundschaft und freundschaftlicher Zusammenarbeit sowie gegenseitiger Hilfe zu verfolgen und sich gegenseitige militärische und andere Hilfe sowie Unterstützung jeder Art im gegenwärtigen Kriege gegen Deutschland und alle jene Staaten zu leisten, die mit ihm in Aggressionshandlungen in Europa verbunden sind«. [...] Neben der Versicherung, sich nach dem Kriege »jede erdenkliche wirtschaftliche Unterstützung zu leisten«, verpflichteten sich beide Seiten ferner, »kein Bündnis abzuschließen und sich an keiner Koalition zu beteiligen, die gegen die andere Hohe Vertragsschließende Partei gerichtet ist«.

Bereits in den Jahren 1943 bis 1945 wurden in Verhandlungen zwischen der Londoner Exilregierung und der Moskauer Emigration, an deren Spitze Klement Gottwald stand, die grundsätzlichen Voraussetzungen geschaffen für die spätere Machtübernahme der KPČ in der Nachkriegs-Tschechoslowakei. Ob aus Gründen der Taktik gegenüber den neuen mächtigen Verbündeten oder fehlgeleitet durch Gutgläubigkeit und Vertrauen in den Beistand Stalins oder sogar als Gefangener seiner eigenen sozialrevolutionären Ideen ging Beneš verbindlich auf Vorstellungen Gottwalds über die künftige Gestaltung des politischen Lebens in der befreiten ČSR ein: »Eine große revolutionäre Verschiebung nach links« sollte »eine klare sozialistische Mehrheit und eine überwältigende Niederlage unseres führenden Rechtsblocks (Agrarierpartei, Nationaldemokraten und Gewerbepartei)« sicherstellen. Die konservativen Parteien sollten nicht wieder zugelassen werden. Die an einer künftigen Regierung zu beteiligenden vier Parteien, die Kommunisten, die Sozialdemokraten, die National-Sozialisten, die Katholische Volkspartei und die Slowakischen Demokraten, sollten sich in der Nationalen Front zusammenschließen, deren eigentlichen Kern der »Block der sozialistischen Parteien« bildete und die ein gemeinsames Programm vertraten.

In den Verhandlungen, zu denen Beneš im März 1945 ein zweites Mal nach Moskau reiste, konnten sich die Kommunisten für das erste Kabinett in der Nachkriegs-Tschechoslowakei wichtige Ressorts sichern, wie das Innenministerium, das Erziehungsministerium, das Verteidigungsministerium, Aufsichtsbehörden für Presse, Rundfunk und Information. Das »Kaschauer Programm«, das die durch Präsident Beneš eingesetzte Regierung unter dem Linkssozialisten Fierlinger am 5. April 1945 in der gleichnamigen ostslowakischen Stadt verkündete, führte zu tiefgreifenden Strukturveränderungen in dem gesamten machtpolitischen und später auch wirtschaftlichen System der Tschechoslowakei und ihrem Sozialgefüge. Gemäß dem bereits in Moskau vereinbarten Programm wurde der alte Staatsapparat mit seinen traditionellen Distrikts- und Gemeindeverwaltungen zerschlagen und durch neue Organe der Verwaltung, den vom Volk zu wählenden »Nationalausschüssen«, ersetzt.

Nach dem Umzug der Regierung nach Prag wurde das Kaschauer Programm durch Dekrete des Präsidenten in die Tat umgesetzt. Das gesamte Vermögen aller Deutschen und Ungarn wurde beschlagnahmt. Die Konfiszierung ihres landwirtschaftlichen Besitzes eröffnete den Weg zu einer weitgehenden Bodenreform und Stimmengewinnen der Kommunisten unter dem ländlichen Proletariat. Die Einsetzung nationaler Treuhänder in allen größeren Industriebetrieben schuf die Grundlage für die Verstaatlichung der Banken, des Geldwesens, der Schlüsselindustrien und weiterer Unternehmungen.

Wie sehr die Kommunistische Partei ihre Positionen bereits gefestigt hatte, geht schon aus der Tatsache hervor, daß die Rote Armee am 1. Dezember 1945 aus der ČSR abzog – aber auch die alliierten Truppen, die bei der Besetzung die vereinbarte Linie Karlsbad–Pilsen–Budweis nicht überschritten hatten und das Land nach 1945 dem sowjetischen Einfluß überließen. Drei Monate später, im März 1946, beschloß der VIII. Parteitag der KPČ als künftige Linie der Partei den Übergang von der nationalen und demokratischen zur sozialistischen Revolution. Er forderte eine neue Verfassung, die die Grundpfeiler des volksdemokratischen Staates, die »Nationalausschüsse«, die Verstaatlichung der Schlüsselindustrien und das Bündnis mit der Sowjetunion voranbringen sollte.

Aus den freien und geheimen Wahlen im Mai 1946 ging die KPČ mit rund 38 Prozent der Stimmen als stärkste Partei hervor. In der gesetzgebenden Nationalversammlung erhielt sie 114 der insgesamt 300 Sitze und damit das Recht, den Ministerpräsidenten zu nominieren. Auf die National-Sozialisten entfielen 55 Mandate, die Volkspartei 46, die Slowakischen Demokraten 43, die Sozialdemokraten 37, die Slowakische Freiheitspartei 3 und die Slowakische Partei der Arbeit 2. Als Vorsitzender der neuen Allparteienregierung legte Klement Gottwald ein Aufbauprogramm vor, das im wesentlichen die Forderungen des VIII. Parteitages der KPČ enthielt. Die KPČ, die 1946 nach dem Sieg der Sowjetunion bereits eine Million Mitglieder zählte, erntete die Früchte

ihrer mit Umsicht, Geschick und einer ansprechenden Propaganda geführten Politik des parallelen »Drucks von unten«
und »von oben.«

Dieser Taktik, der der Mantel demokratischer Gesinnung
umgehängt war, hatten die nichtkommunistischen Parteien,
die so zahlreiche Kompromisse eingegangen und jedem offenen Meinungsstreit ausgewichen waren, kein überzeugendes
politisches Programm entgegenzusetzen. [...]

Der Zerfall der Anti-Hitler-Koalition und die wachsenden
wirtschaftlichen Schwierigkeiten im Innern sowie die ange-
kündigte neue Verfassung forcierten die Auseinandersetzungen. Die Kommunisten fürchteten eine Stagnation ihres
Machteinflusses und ein Anwachsen des Widerstandes. »Rudé
Právo« schrieb damals drohend: »Es gibt nur eine Alterna-
tive: Einträchtige Zusammenarbeit mit den Kommunisten
für Volk und Republik oder im antikommunistischen Block
zusammen mit der Reaktion.«

Im Sommer hatte die Regierung Gottwald, nach einem ulti-
mativen Einspruch Stalins, »den Freundschafts- und Bei-
standspakt als gültig zu betrachten oder es vorzuziehen, nach
Paris zu gehen«, die Marshall-Plan-Hilfe abgelehnt. Die
Kommunisten benutzten die wirtschaftlichen Schwierigkeiten, um die politischen Auseinandersetzungen weiter zu verschärfen und die »Bourgeoisie« für die Entwicklung verantwortlich zu machen. In ihrer Sicht rückte der Zeitpunkt der
endgültigen Kraftprobe näher. Zur Überwindung der Folgen der Mißernte erließen sie die Losung: »Die Reichen sollen zahlen.« Sie setzten eine sogenannte »Millionärs-Steuer«
durch, die alle größeren Vermögen mit einer Abgabe von 2
bis 20 Prozent belegte.

Gegen den Widerstand der demokratischen Parteien wurden
Massenorganisationen wie beispielsweise der Gewerkschafts-
verband, der Jugendverband und der Verband der Land-
wirte als gleichwertige Mitglieder in die Nationale Front
aufgenommen. Gerüchte über ein »faschistisches Attentat«
auf Beneš und Sprengstoffpakete an Minister vergifteten die
Atmosphäre vor der für das Frühjahr 1948 angekündigten
Verabschiedung der neuen Verfassung und den bevorstehen-
den Wahlen zur Nationalversammlung. Die Kommunisten
wollten bei diesen Wahlen die absolute Mehrheit erringen
und schlugen eine weitere Etappe der Verstaatlichung für

alle Betriebe mit mehr als 50 Angestellten und eine Bodenreform ab 50 Hektar vor. Die nichtkommunistischen Parteien wollten die Verabschiedung der Verfassung auf die Zeit
nach den für Mai vorgesehenen Wahlen verschieben, die KPČ
einem für sie unsicheren Ausgang der Wahlen vorbeugen.
Mitte Februar 1948 brach der Konflikt offen aus. Den aktuellen Anlaß bot die Frage der Kontrolle über die Polizei
und die Gehaltserhöhung staatlicher und öffentlicher Ange-
stellter. Die nichtkommunistischen Kabinettsmitglieder for-
derten Innenminister Nosek (KPČ) auf, die bevorzugte Einstellung von Kommunisten im Polizeidienst zu unterbinden.
Als der Minister trotzdem am 13. Februar acht kommunistische Polizeioffiziere außerplanmäßig einstellte, reichten
zwölf Minister (der National-Sozialisten, der Volkspartei und
der Slowakischen Demokratischen Partei) am 20. Februar
1948 ihre Demission ein.
Falls ihre Absicht gewesen sein sollte, die Regierung zu läh-
men, eine Beamtenregierung zu ihren Gunsten zu erreichen
oder die Anberaumung von Neuwahlen durchzusetzen, so
hatten sie die bestehenden Machtverhältnisse nicht in Rechnung gestellt oder falsch eingeschätzt. Die Armee war unter
dem parteilosen Verteidigungsminister Svoboda, dem heutigen Staatspräsidenten der ČSSR, neutralisiert, die Polizei-
und Sicherheitsorgane unter der Kontrolle der Kommunisten.
Da sich die sozialdemokratischen Minister dem Rücktritt
nicht anschlossen und auch der parteilose Außenminister Jan
Masaryk, Sohn des Präsidenten der Ersten Republik, sein
Amt nicht niederlegte, blieben die demissionierenden Minister in der Minderheit und die Regierung beschlußfähig. Die
Verfassung bot keine Möglichkeit, sie aufzulösen.
Die KPČ nutzte die Zeit, in der Beneš die Krise durch Verhandlungen beilegen wollte, die Gewerkschaften, die Bauern-
kommissionen und die Massenorganisationen, in denen sie
den entscheidenden Einfluß hatte, zu mobilisieren. Im ganzen Land entstanden zu diesem Zweck sogenannte »Aktionsausschüsse« der Nationalen Front.
Schon am ersten Tag der sechstägigen Krise fanden während
der Nacht Versammlungen der Kommunisten in den Betrieben und Bezirken statt. Am 21. Februar forderte Gottwald
auf einer Massenkundgebung auf dem Prager Altstädter
Ring den Präsidenten auf, die Demission der Minister anzu-

nehmen und an ihrer Stelle die Regierung »mit Befürwortern einer Zusammenarbeit auf dem Boden der Nationalen
Front« zu ergänzen.

Am 22. Februar unterstützten 6000 Delegierte des nach Prag
einberufenen gesamtstaatlichen Betriebsrätekongresses der
Gewerkschaften diesen Vorschlag. Am 24. Februar gaben sie
den streikenden Arbeitern ihre Beschlüsse bekannt. Auf dem
Hradschin ging ein Regen von Telegrammen nieder, in denen es hieß: »Wir lassen die Rückkehr der reaktionären Politiker nicht zu« – »Wir fordern die Verabschiedung der neuen
Verfassung« – »Verstaatlichung des Großhandels und des
Fremdkapitals« – »Spielt nicht mit der Geduld des Volkes«.

In der Wohnung Gottwalds tagte in der Nacht vom Dienstag zum Mittwoch der Parteivorstand der KPČ. Die Lagebesprechung galt der Frage, wie Beneš sich verhalten würde.
Auf den letzten Brief des KP-Vorstandes hatte er ausweichend geantwortet und eine Erneuerung der Zusammenarbeit
»in Übereinstimmung mit der Leitung aller politischer Parteien« vorgeschlagen. Die KPČ lehnte daraufhin ab, mit den
bisherigen Parteileitungen zu verhandeln, die für die Regierungskrise verantwortlich seien. Die eigene neue Regierungsliste war schon ausgearbeitet. »Und was wird sein, wenn
Beneš wieder ablehnt?« sagte jemand auf der Nachtsitzung.
»Dann wird der Kampf weitergehen, und wir sind darauf
vorbereitet«, antwortete Gottwald [...]. »Zurückweichen
dürfen wir nicht mehr.« »Habt keine Angst«, bemerkte Clementis, »er wird nicht ablehnen. Ich kenne doch Beneš. Er
erklärt feierlich, daß er seinen Prinzipien treu bleibt – und
weicht zurück.«

Auch im Parlament gab es einen »Aktionsausschuß«, dem
nicht nur kommunistische, sondern auch »fortschrittliche«
Mitglieder anderer Parteien angehörten. Mehr als zweihundert Abgeordnete unterstützten in einer Erklärung die Regierung Gottwald. So konnte er dem Präsidenten versichern,
daß die neue Regierung die Mehrheit des Parlaments hinter
sich habe und das in der Verfassung festgelegte Verfahren
streng eingehalten werde. Zugleich erinnerte Gottwald seinen Gesprächspartner auf dem Hradschin daran, daß er eine
große Verantwortung auf sich nehme für die Folgen weiterer
Verzögerungen.

Am Mittag des 25. Februar wird Gottwald für 16 Uhr auf den Hradschin bestellt. Eine Stunde später kann er den mobilisierten Massen auf dem Wenzelsplatz verkünden, »daß der Herr Präsident alle meine Vorschläge, so wie ich sie vortrug, angenommen hat«. Die Entscheidung sei ihm nicht leichtgefallen. Trotzdem habe er die Notwendigkeit einer solchen Maßnahme erkannt, »weil er sah, daß es der Wunsch, der Wille und die Stimme des Volkes war«.

Die »Revolution«, bei der ein Student aus einem Demonstrationszug auf dem Hradschin durch den »zufälligen Schuß« eines Polizisten leicht verletzt wurde und eine Schaufensterscheibe zerschlagen wurde, hatte gesiegt. »Nirgendwo gab es ein vollkommeneres Zusammenspiel der Kräfte. Polizei und Gewerkschaften arbeiteten wie die Kolben einer Dampfmaschine, während die Nationale Front und das parlamentarische System wie Hebel funktionierten, mit denen die Opposition vom Weg abgedrängt wurde und mit denen die Reste der nichtkommunistischen Parteien zurück in die erneuerte Koalition gezogen wurden«, hieß das Fazit in einem damaligen Geheimbericht. Der Diktatur des Proletariats stand in der ČSR nichts mehr im Wege.

Die Aktionsausschüsse säuberten nach dem »Tag des Sieges« die Macht- und Verwaltungsorgane von den »Reaktionären«. Jan Masaryk stürzte am 10. März 1948 unter bis heute unaufgeklärten Umständen aus dem Fenster seiner Dienstwohnung im Prager Außenministerium. Beneš trat am 7. Juni zum zweitenmal von der Präsidentschaft zurück und starb drei Monate später. Der KPČ-Generalsekretär Slansky und Minister Clementis, 1948 noch aktive Teilnehmer des Umsturzes, wurden hingerichtet. [...] Smrkovsky, damals stellvertretender Kommandant der bewaffneten Miliz, gehört heute zu den Verfemten. Novotny, damals Prager Parteisekretär, wird 20 Jahre später für Fehler und Versäumnisse unter seiner Parteileitung verantwortlich gemacht. Am »Tag des Sieges« fehlen nach 25 Jahren die meisten derjenigen, die ihn an führender Stelle erkämpften. Die »Revolution« ist über sie hinweggegangen.

(Frankfurter Allgemeine Zeitung,
24. Februar 1973)

Atomwaffen für die Bundesrepublik Deutschland

Archiv der Gegenwart

4. April 1957

DEUTSCHLAND (WEST-). ATOMENERGIE.
Adenauer für Ausrüstung der Bundeswehr mit Atomwaffen

Bundeskanzler Dr. Konrad Adenauer antwortete laut Die Welt in seiner Pressekonferenz, als er um seine Stellungnahme zur Ausrüstung der Bundeswehr mit Atomwaffen gefragt wurde, nach einem Hinweis auf die Abrüstungsverhandlungen:

»Unterscheiden Sie doch die taktischen und die großen atomaren Waffen. Die taktischen Waffen sind nichts weiter als die Weiterentwicklung der Artillerie. Selbstverständlich können wir nicht darauf verzichten, daß unsere Truppen auch in der normalen Bewaffnung die neueste Entwicklung mitmachen. Die großen Waffen haben wir ja nicht. Aber wie sehr die Entwicklung im Fluß ist, sehen Sie daraus, daß Großbritannien erklärt hat, es wolle eine nukleare Macht werden.

Die ganze Entwicklung ist in vollem Fluß. Wir Deutschen können die Entwicklung nicht stoppen. Wir können uns nur anpassen und sorgen, daß irgendwann und irgendwo eine Entspannung eintritt. Ich bin überzeugt, daß die Entblößung von Waffen und ein Nichtmitmachen keine Entspannung bedeuten, wenn sie von einem Land allein vorgenommen werden, und sicher nicht, wenn es die Bundesrepublik allein tut.

Ich glaube nicht, daß der Besitz solcher Waffen uns der Gefahr einer atomaren Vergeltung aussetzen würde. Die Sowjetunion weiß, daß eine Vergeltungshandlung, also ein Angriff gegen uns, sofort einen Gegenschlag auslösen würde. Die außenpolitische Entwicklung in den letzten zwölf oder achtzehn Monaten ist ernster geworden. Wir hier in Deutschland verdanken den Frieden lediglich der Tatsache, daß die Atomwaffe der Vereinigten Staaten außerordentlich stark ist.«

Die ernste Beurteilung der weltpolitischen Lage, die im Gegensatz zu optimistischen Äußerungen des Kanzlers vom Februar dieses Jahres steht, erläuterte Adenauer mit dem

Hinweis: »Damals bestand die Hoffnung, daß der Wunsch des ungarischen und des polnischen Volkes nach Freiheit berücksichtigt wurde. Die Hoffnung ist nicht in Erfüllung gegangen.«

9. April 1957

DEUTSCHLAND (WEST-). ATOMENERGIE.
Strauß über Ausrüstung der Bundeswehr mit Atomwaffen; parlamentarische Große Anfrage der SPD und Stellungnahme der FDP

Bundesminister für Verteidigung *Franz Joseph Strauß* erklärte laut Bulletin in einem Interview mit einem Sprecher des Hessischen Rundfunks u. a.:
»Atomwaffen befinden sich zur Zeit nur in den Händen der USA, der Sowjetunion und Großbritanniens. Die USA haben einen wesentlichen Vorsprung auf diesem Gebiet, die Sowjetunion bemüht sich, ihn aufzuholen. Großbritannien trifft ja laut Weißbuch erhebliche Anstrengungen, ebenfalls eine militärische Atommacht zu werden. Die Sowjets haben eine unbestreitbare, erhebliche Überlegenheit an sogenannten herkömmlichen Waffen und Streitkräften, in personeller und in materieller Hinsicht. Ein Verzicht auf Kernwaffen unter den gegebenen Umständen und im Augenblick würde militärisch eine Preisgabe Europas an die Sowjetunion bedeuten. Das Gegengewicht, das durch die Kernwaffen vorhanden ist, wäre weggefallen.
Es ist nicht so, wie es häufig dargestellt wird, daß wir speziell für die Bundeswehr eine Ausrüstung mit taktischen Atomwaffen anstreben. Aber die Beratungen der NATO-Konferenz schon im Dezember 1956 haben das Problem aufgeworfen, ob zur Verstärkung der abschreckenden Wirkung – bitte nie vergessen, daß die NATO keinen Krieg beginnen, sondern in erster Linie verhindern will – die europäischen, also die nichtamerikanischen Streitkräfte der NATO mit leichten Atomwaffen ausgestattet werden sollen. Hier ist unser Standpunkt der, daß wir Gleichberechtigung mit den übrigen europäischen Streitkräften der NATO verlangen.«
Das Problem der Ausrüstung der Bundeswehr mit taktischen atomaren Waffen werde sich innerhalb der nächsten Monate

sicherlich nicht stellen. Die Frage sei politisch und technisch
noch nicht entschieden. Wenn sie einmal positiv entschieden
würde, so werde damit der Zweck verfolgt, einem Angrei-
fer klar zu machen, daß Angriff für ihn Untergang be-
deute. Eine besondere Gefährdung der Bundesrepublik
sei ausgeschlossen, da sie dasselbe Risiko und die gleichen
Vorteile habe wie die anderen NATO-Mächte.
Die *Fraktion der SPD* hat laut Bundesanzeiger zur Angelegenheit der Atomwaffen im Bundestag eine Große Anfrage gestellt.
Es wird gefragt, was die Bundesregierung zu tun gedenke,
um der Gefahr einer Einbeziehung Deutschlands in einen
Atomkrieg entgegenzuwirken und ob es zutreffe, daß bei
einer NATO-Übung der beiderseitige Einsatz nuklearer
Waffen in beiden Teilen Deutschlands Bestandteil der
Übung gewesen sei. Weiter wird gefragt, was die Bundesregierung zur Unterstützung der Forderungen Japans auf
Einstellung der Atomversuchsexplosionen tun wolle, ob sie
die Zustimmung auf Stationierung von Atomwaffenver-
bänden auf ihrem Gebiet verweigern wolle, was sie tue, um
durch ein allgemeines Abkommen über die Begrenzung der
Streitkräfte und ihrer Bewaffnung und die Einführung
eines Kontrollsystems dem Atomwettrüsten ein Ende zu
bereiten und wann, aus welchen Gründen und unter welchen Umständen sie der Stationierung von Atomwaffen
und -munition zugestimmt habe.
Ferner soll sich die Bundesregierung dazu äußern, ob das
Bundesverteidigungsministerium in den Vereinigten Staaten
die Ausrüstung der Bundeswehr mit Atomwaffen verlangt
habe und ob das die Auffassung der Bundesregierung sei,
ob sie an ihrer Erklärung anläßlich der Pariser Verträge
festhalte, keine Atomwaffen herstellen zu wollen und welche Schutzmaßnahmen sie getroffen habe, um die Bevölkerung vor den möglichen Auswirkungen der Stationierung
von Atomwaffen auf ihrem Gebiet zu schützen.
Der Bundesvorsitzende der FDP, *Dr. Reinhold Maier*, erhob
laut fdk vor der Bundespressekonferenz in Bonn schwer-
wiegende Bedenken gegen eine Umstellung der deutschen
Atomforschung von friedlichen auf kriegerische Zwecke.
Bei einer ungestörten Forschungsarbeit der deutschen Atomwissenschaftler, die Sachkenner von hohem Rang seien,

dürfe man unzweifelhaft wichtige Ergebnisse für die friedliche Auswertung der atomaren Kräfte erwarten. Man stürze
jedoch diese Atomwissenschaftler nicht nur in Gewissens-
konflikte, sondern erschwere ihre Forschungsmöglichkeiten,
wenn man ihnen statt der friedlichen Zielsetzung das Ziel
der Vernichtung setze. Scharfe Kritik übte Dr. Maier an der
mangelhaften Unterrichtung des Parlaments und der deutschen Öffentlichkeit über einschneidende Maßnahmen auf
dem »todernsten« Gebiet der Atomwaffen durch die Bundesregierung. Mit einer Handbewegung habe die Bundesregierung frühere Zusicherungen weggewischt, nach denen
auf die ABC-Waffen verzichtet werde.

12. April 1957

DEUTSCHLAND (WEST-).
Deutsche Atomwissenschaftler appellieren für Verzicht der
Bundesrepublik auf Atomwaffen und weigern sich, daran
mitzuwirken; Stellungnahme Adenauers

18 führende deutsche Atomwissenschaftler richteten laut
Frankfurter Allgemeine folgenden Appell an die Öffentlichkeit:
»Die Pläne einer atomaren Bewaffnung der Bundeswehr er-
füllen die unterzeichneten Atomforscher mit tiefer Sorge.
Einige von ihnen haben den zuständigen Bundesministerien
ihre Bedenken schon vor mehreren Monaten mitgeteilt.
Heute ist die Debatte über diese Frage allgemein geworden.
Die Unterzeichneten fühlen sich daher verpflichtet, ihrer-
seits auf einige Tatsachen hinzuweisen, die alle Fachleute
wissen, die aber der Öffentlichkeit noch nicht hinreichend
bekannt zu sein scheinen.
Erstens: Taktische Atomwaffen haben die zerstörende Wirkung normaler Atombomben. Als ›taktisch‹ bezeichnet man
sie, um auszudrücken, daß sie nicht nur gegen menschliche
Siedlungen, sondern auch gegen Truppen im Erdkampf eingesetzt werden sollen. Jede einzelne taktische Atombombe
oder -granate hat eine ähnliche Wirkung wie die erste Atombombe, die Hiroshima zerstört hat. Da die taktischen Atomwaffen heute in großer Zahl vorhanden sind, würde ihre
zerstörende Wirkung im ganzen sehr viel größer sein. Als
›klein‹ bezeichnet man diese Bomben nur im Vergleich zur

Wirkung der inzwischen entwickelten ›strategischen‹ Bomben, vor allem der Wasserstoffbomben.

Zweitens: Für die Entwicklungsmöglichkeit der lebenausrottenden Wirkung der strategischen Atomwaffen ist keine natürliche Grenze bekannt. Heute kann eine taktische Atombombe eine kleinere Stadt zerstören, eine Wasserstoffbombe aber einen Landstrich von der Größe des Ruhrgebietes zeitweilig unbewohnbar machen. Durch Verbreitung von Radioaktivität könnte man mit Wasserstoffbomben die Bevölkerung der Bundesrepublik heute schon ausrotten. Wir kennen keine technische Möglichkeit, große Bevölkerungsmengen vor dieser Gefahr sicher zu schützen.

Wir wissen, wie schwer es ist, aus diesen Tatsachen die politischen Konsequenzen zu ziehen. Uns als Nichtpolitikern wird man die Berechtigung dazu abstreiten wollen. Unsere Tätigkeit, die der Tätigkeit der reinen Wissenschaft und ihrer Anwendung gilt und bei der wir viele junge Menschen unserem Gebiet zuführen, belädt uns aber mit einer Verantwortung für die möglichen Folgen dieser Tätigkeit. Deshalb können wir nicht zu allen politischen Fragen schweigen.

Wir bekennen uns zur Freiheit, wie sie heute die westliche Welt gegen den Kommunismus vertritt. Wir leugnen nicht, daß die gegenseitige Angst vor den Wasserstoffbomben heute einen wesentlichen Beitrag zur Erhaltung des Friedens in der ganzen Welt und der Freiheit in einem Teil der Welt leistet. Wir halten aber diese Art, den Frieden und die Freiheit zu sichern, auf die Dauer für unzuverlässig. Und wir halten die Gefahr im Falle ihres Versagens für tödlich.

Wir fühlen keine Kompetenz, konkrete Vorschläge für die Politik der Großmächte zu machen. Für ein kleines Land wie die Bundesrepublik glauben wir, daß es sich heute noch am besten schützt und den Weltfrieden noch am ehesten fördert, wenn es ausdrücklich und freiwillig auf den Besitz von Atomwaffen jeder Art verzichtet. Jedenfalls wäre keiner der Unterzeichneten bereit, sich an der Herstellung, der Erprobung oder dem Einsatz von Atomwaffen in irgendeiner Weise zu beteiligen.

Gleichzeitig betonen wir, daß es äußerst wichtig ist, die friedliche Verwendung der Atomenergie mit allen Mitteln zu fördern, und wir wollen an dieser Aufgabe wie bisher mitwirken.

Professor Fritz Bopp, Professor Max Born, Professor Rudolf
Fleischmann, Professor Walther Gerlach, Professor Otto
Hahn, Professor Otto Haxel, Professor Werner Heisenberg,
Professor Hans Kopfermann, Professor Max von Laue, Pro-
fessor Heinz Maier-Leibnitz, Professor Josef Mattauch, Pro-
fessor Friedrich-Adolf Paneth, Professor Wolfgang Paul,
Professor Wolfgang Riezler, Professor Fritz Straßmann,
Professor Wilhelm Walcher, Professor Carl-Friedrich
von Weizsäcker, Professor Karl Wirtz.«
Bundeskanzler *Dr. Konrad Adenauer* gab in einer Rede bei
Eröffnung der Politischen Akademie der CDU in Eichholz
bei Bonn seinem Bedauern Ausdruck, daß die Wissenschaftler
nicht mit ihm gesprochen hätten, ehe sie ihre Erklärung ab-
gaben.
Bei der Bedeutung der Angelegenheit wäre es gut gewesen,
wenn sie mit ihm als dem verantwortlichen Leiter der Politik gesprochen hätten, der nach der Verfassung für die Richt-
linien der Politik verantwortlich zeichne.
Wenn die Wissenschaftler die Absicht hätten, sich für eine
allgemein kontrollierte atomare Abrüstung in der ganzen
Welt und in allen Ländern einzusetzen, dann entspreche das
durchaus den Absichten und Intentionen der Bundesregierung. »Ich hoffe, daß das ihre Absicht war.« Es scheine ihm
aber, daß die Wissenschaftler doch nicht im Besitz der Ergebnisse von Versuchen in den Vereinigten Staaten zum
Schutz von Soldaten und Zivilisten vor der Wirkung der
furchtbaren Waffen seien. Er hätte ihnen diese Ergebnisse
gerne mitgeteilt. Wenn die Wissenschaftler sagten, ein kleines Land wie die Bundesrepublik schütze sich am besten
durch einen ausdrücklichen Verzicht auf den Besitz atomarer
Waffen, dann habe das mit wissenschaftlichen Erkenntnissen
nichts zu tun. Das sei eine Erklärung rein außenpolitischer
und militärischer Natur. Man müsse aber Kenntnis von den
Erkenntnissen haben, die diese Wissenschaftler nicht hätten,
weil sie nicht zu ihm gekommen seien.
Der Bundeskanzler fügte abschließend hinzu, das deutsche
Volk könne sicher sein, daß die Bundesregierung und die
Koalition alles tun würden, um das deutsche Volk, für das
sie verantwortlich seien, vor den Folgen eines Atomkrieges
zu schützen.

ATLANTIK-PAKT. ATOMENERGIE.
Vereinigte Staaten sichern den NATO-Ländern Lieferung
von taktischen Raketenwaffen noch für 1957 zu

Die amerikanische Regierung hat laut The Times den Nord-
atlantikrat von ihrer Absicht unterrichtet, im Rahmen des
NATO-Programms für gegenseitige Hilfe im amerikanischen Finanzjahr 1957, das am 1. Juli beginnt, auch Boden-
zu-Boden-Raketen der Typen Honest John und Matador
und Boden-zu-Luft-Raketen der Type Nike zu liefern (diese
taktischen Raketen mit geringer Reichweite sind nicht mit
den Großbritannien zugesicherten strategischen Raketen
großer Reichweite zu verwechseln).
Die Lieferung würde ausschließlich zu Verteidigungszwecken,
zum Schutz von militärischen und Bevölkerungszentren sowie zur Abschreckung und, wenn es sein müsse, zur Zurück-
schlagung einer Aggression zur Verfügung gestellt werden.
Die Lieferung entspreche der amerikanischen Politik, im
Rahmen des gegenseitigen Hilfsprogramms der NATO die
modernsten Waffen zu liefern. Die atomischen Spreng-
köpfe zu den Raketen bleiben in amerikanischer Verwah-
rung und würden erst im Ernstfall zur Verfügung gestellt
werden.

(Keesings Archiv der Gegenwart 27/1957
[6370 E, 6378 D, 6385 A und B])

Atomwaffen für die Schweiz gewünscht

Bern, 13. Mai (dpa). Eigene Atomwaffen würden die schweizerische Landesverteidigung erheblich verstärken. Zu dieser
Auffassung kommt eine Studienkommission der schweizeri-
schen Offiziersgesellschaft, die sich mit der Reorganisation
der Armee befaßt und jetzt einen empfehlenden Bericht
vorlegte. Die schweizerische Offiziersgesellschaft ist eine
freiwillige Vereinigung, der jedoch die maßgeblichen aktiven
Militärs angehören. Ihre Beschlüsse haben beratende und
empfehlende Bedeutung.
In dem Bericht wird festgestellt, daß die Schweiz mit dem
Einsatz von Atomwaffen gegen sich zu rechnen habe und
daraus die Konsequenzen ziehen müsse. Im Interesse der
höheren Feuerkraft und der größeren Beweglichkeit zur

Landesverteidigung müßte die Zahl der Panzer und der Flugzeuge erhöht werden.

Die erste Atomkraftanlage der Schweiz wird am Freitag in Würenlingen im Kanton Aargau eingeweiht und in Betrieb genommen. Ein zweiter Reaktor soll am gleichen Ort bis Ende 1958 fertiggestellt sein. Die Atomkraftanlage wird nur der Forschung und der Herstellung von radioaktiven Isotopen dienen.

(Frankfurter Allgemeine Zeitung, 14. Mai 1957)

VI. Literaturhinweise

1. Texte der »Biedermann«-Fassungen

a. Tagebuch-»Burleske«

Tagebuch 1946–1949. Frankfurt a. M. 1950 (Neuauflage in der Bibliothek Suhrkamp 1970. Bd. 261). S. 243–249.
Auch in: R. Dithmar [Hrsg.]: Fabeln, Parabeln und Gleichnisse. München 1970. (dtv Wissenschaftliche Reihe. Bd. 4047.) S. 247–252.

b. Hörspielentwurf: Die Brandstifter

Unveröffentlichtes Manuskript. Archiv von Radio Zürich. 1950.

c. Hörspiel: Herr Biedermann und die Brandstifter

Ausgabe: Hans-Bredow-Institut. Hamburg o. J. [1955 oder 1956]; ^{5}1958. (Hörwerke der Zeit 2.)
Schöninghs Textausgaben T 322. Paderborn o. J. (wahrscheinlich nach 1961).
Dreizehn europäische Hörspiele. Hrsg. von H. Schmitthenner. München 1961. S. 281–321.
Hörspiele. Hrsg. von W. Urbanek. 1. Bd. Bamberg 1963.
Spectaculum. Texte moderner Hörspiele. Hrsg. von K. M. Michel. Frankfurt a. M. 1963. S. 81–113.
Tonaufzeichnung bei den Landesbildstellen.

d. Bühnenstück: Biedermann und die Brandstifter. Ein Lehrstück ohne Lehre. (Mit einem Nachspiel.)

Ausgabe in der ›edition suhrkamp‹. Bd. 41. 1958. Viele Nachauflagen. (1.–13. Aufl. mit Nachspiel, ab 14. Aufl. 1973 ohne Nachspiel.)
Spectaculum. Texte moderner Stücke. 2. Frankfurt a. M. 1959. S. 197 bis 265.
Stücke 2. Frankfurt a. M. 1962. S. 87–156.
Deutsches Theater. Frankfurt a. M. u. a. 1963. (Büchergilde Gutenberg.)
Stücke. Berlin [Ost] o. J. [1965]; ^{2}1966. S. 329 ff.
Deutsches Theater der Gegenwart. Bd. 1. Hrsg. von K. Braun. Frankfurt a. M. 1967.

e. Fernsehfassung in schweizerdeutscher Mundart: Biedermaa u d' Brandstifter – Es Lehrstück ohni Lehr vom Max Frisch

Kollektivbearbeitung der Bühnenfassung (nicht vom Autor). Manuskript im Archiv des Fernsehens der deutschen und der rätoromanischen Schweiz. 1963.

f. Bremer Fernsehfassung

Manuskript: Max Frisch (mit Rainer Wolffhardt). Archiv von Radio Bremen. 1966.

2. Schriften von Max Frisch

Stücke. 2 Bde. Frankfurt a. M. 1962.
Tagebuch 1946–1949. Frankfurt a. M. 1950.
Tagebuch 1966–1971. Frankfurt a. M. 1972.

Brecht als Klassiker. In: Die Weltwoche, Zürich (1. Juli 1955).
Zum Stück. In: Programmheft der Zürcher Uraufführung (1957/58) H. 14.
Warum der Schriftsteller schreibt. In: Die Weltwoche, Zürich (19. Dezember 1958).
Unsere Gier nach Geschichten. In: Die Weltwoche, Zürich (4. November 1960).
H. Bienek: Werkstattgespräche mit Schriftstellern. München 1962. (Taschenbuchausgabe: dtv 291. München 1965. S. 23–37.)
Öffentlichkeit als Partner. Frankfurt a. M. 1967. (edition suhrkamp 209.)
Dramaturgisches. Ein Briefwechsel mit Walter Höllerer. Berlin 1969. (LCB-Editionen 15.)

Interview zur Bremer Fernsehfassung. In: Westfälische Nachrichten, Münster (31. Oktober 1968); Hessische Allgemeine (Fulda-Bote), Rotenburg (1. November 1968); Braunschweiger Presse (1. November 1968).

3. Bibliographien

E. Wilbert Collins: A Bibliography of Four Contemporary German-Swiss Authors: Friedrich Dürrenmatt, Max Frisch, Robert Walser, Albin Zollinger. The authors' publications and the literary criticism relating to their works. Bern 1967. S. 33–51.
K.-O. Petersen: Max Frisch-Bibliographie. In: Thomas Beckermann [Hrsg.], Über Max Frisch. Frankfurt a. M. 1971. S. 305–344.
K.-O. Petersen: Max Frisch-Bibliographie (1971). In: E. Stäuble, Max Frisch. St. Gallen [4]1971. S. 243–284.

4. Allgemeine Untersuchungen zu Frischs Werk

E. Stäuble: Max Frisch. Amriswil 1957; [2]1960; St. Gallen [3]1967; [4]1971.
H. Bänziger: Frisch und Dürrenmatt. Bern 1960; 6. neubearb. Aufl. 1971.
M. Kesting: Max Frisch. Nachrevolutionäres Lehrtheater. In: Panorama des zeitgenössischen Theaters. München: Piper 1969.

Th. Ziolkowski: Max Frisch. Moralist without a moral. New Haven 1962. (Yale French Studies 29.) S. 132–141.

J. Müller: Max Frisch und Friedrich Dürrenmatt als Dramatiker der Gegenwart. In: Universitas 17 (1962) S. 725–738.

W. Weber: Die Stücke von Max Frisch. Frankfurt a. M. 1962. (Dichten und Trachten. Jahresschau des Suhrkamp Verlages.)

M. Bach u. H. L. Bach: The Moral Problem of Political Responsibility: Brecht, Frisch, Sartre. In: Books abroad (Okla.) 37 (1963) H. 4, S. 378 bis 384.

H. Mayer: Dürrenmatt und Frisch. Anmerkungen. Pfullingen 1963. (Opuscula aus Wissenschaft und Dichtung 4.)

S. P. Hoefert: Zur Sprachauffassung Max Frischs. In: Muttersprache 73 (1963) H. 9, S. 257–259.

W. Jacobs: Moderne deutsche Literatur. Portraits, Profile, Strukturen. Gütersloh o. J. [Frisch: S. 128–140].

W. Ziskoven: Max Frisch. In: Zur Interpretation des modernen Dramas: Brecht, Dürrenmatt, Frisch. Hrsg. von R. Geißler. Frankfurt a. M. o. J. S. 97–144.

C. Petersen: Max Frisch. Berlin 1966. (Köpfe des XX. Jahrhunderts. Bd. 44.)

H. Karasek: Max Frisch. Velber bei Hannover 1966; ³1969. (Friedrichs Dramatiker des Welttheaters. Bd. 17.)

M. Jurgensen: Max Frisch. Die Dramen. Bern 1968.

J. Schröder: Das Drama Max Frischs. In: G. Neumann u. a., Dürrenmatt, Frisch, Weiss. Drei Entwürfe zum Drama der Gegenwart. München 1969. S. 61–113.

W. Schenker: Die Sprache Max Frischs in der Spannung zwischen Mundart und Schriftsprache. Berlin 1969.

A. Weise: Untersuchungen zur Thematik und Struktur der Dramen von Max Frisch. Göppingen 1969. (Göppinger Arbeiten zur Germanistik 7.)

M. Jurgensen: Max Frisch und seine Bühnendialektik. Von »Chinesische Mauer« bis »Andorra«. In: Universitas 25 (1970) S. 1199–1204.

K. Matthias: Die Dramen von Max Frisch. Strukturen und Aussagen. In: Literatur in Wissenschaft und Unterricht 3. Neumünster 1970. S. 129–150 und S. 236–252.

A. Schau [Hrsg.]: Max Frisch – Beiträge zur Wirkungsgeschichte. Freiburg i. Br. 1971. (Materialien zur deutschen Literatur. Bd. 2.)

Th. Beckermann [Hrsg.]: Über Max Frisch. Frankfurt a. M. 1971.

M. Durzak: Dürrenmatt, Frisch, Weiss. Deutsches Drama der Gegenwart zwischen Kritik und Utopie. Stuttgart 1972.

M. Biedermann: Das politische Theater von Max Frisch. Bensberg 1973. (Theater unserer Zeit 13.)

H. Geisser: Die Entstehung von Max Frischs Dramaturgie der Permutation. Bern 1973. (Sprache und Dichtung 21.)

M. Kesting. In: Der Friede und die Unruhestifter. Hrsg. von H. J. Schultz. Frankfurt a. M. 1973. S. 250–262.

5. Kritiken zum Hörspiel

e. m. In: Der öffentliche Dienst, Zürich (26. Juni 1953).

N. N. In: Tagesanzeiger, Zürich (6. Juli 1953).

G. Brechter. In: Rheinischer Merkur Nr. 141 (1955).

hb. In: Funk-Korrespondenz (2. Februar 1955).

F. B. In: Aachener Nachrichten (25. Februar 1955).

C. E. Lewalter: Nachwort zur Ausgabe des Hans-Bredow-Instituts. Hamburg o. J. (1955 oder 1956); ⁵1958. S. 34 f.

W. K. In: Stuttgarter Zeitung (28. September 1956).

H. Kreutzer: Die Einbeziehung des Hörspiels in den Deutschunterricht der Oberstufe (»Biedermann«; »Egmont«). In: Der Deutschunterricht 10 (1958) H. 3, S. 82–92.

P. Dormagen: Nachwort zur Textausgabe des Hörspiels. Paderborn o. J. S. 55–63.

W. Klose: Didaktik des Hörspiels. Stuttgart 1974.

6. Kritiken zum Bühnenstück

Zur Züricher Uraufführung

H. Helbling. In: Neue Zürcher Zeitung (31. März 1958).

E. Brock-Sulzer. In: Die Tat, Zürich (1. April 1958).

– oe – In: Tages-Anzeiger für Stadt und Kanton Zürich (1. April 1958).

N. N. In: Volksrecht, Zürich (2. April 1958).

W. Westecker. In: Christ und Welt (8. April 1958).

N. N. In: Der Spiegel (16. April 1958).

S. Melchinger. In: Die Zeit (17. April 1958).

M. Galli. In: Orientierung, Zürich, 22. Jg. [1958] Nr. 9, S. 97–99.

Das Schauspielhaus Zürich mit Max Frischs »Biedermann und Hotz« im Ausland. Kritikensammlung der Gastspielreisen nach Wien, Brüssel, Recklinghausen, Paris.

Zur Frankfurter Aufführung

K. Korn. In: Frankfurter Allgemeine Zeitung (1. Oktober 1958).

E. Lissner. In: Frankfurter Rundschau (1. Oktober 1958).

G. Schön. In: Frankfurter Nachtausgabe (1. Oktober 1958).

J. Jacobi. In: Die Zeit (10. Oktober 1958).

H. Küsel. In: Die Gegenwart 13 (1958) Nr. 22, S. 695 ff.

Zu weiteren Aufführungen in der Bundesrepublik Deutschland und in Österreich

N. N. In: Diplomatischer Kurier, Köln, 7 (1958) S. 826.

D. Kranz. In: Theater der Zeit, [Ost-]Berlin, 14 (1959) H. 4, S. 51–53.

W. M. Eisenbarth. In: Die Rheinpfalz, Ludwigshafen (25. Mai 1959).

H. Mudrich. In: Theater heute 2 (1961) H. 7, S. 28.

K. Kahl. In: Theater heute 2 (1961) H. 3, S. 42.

R. Dölle. In: Recklinghäuser Zeitung (18. April 1962).

Verschiedene Auszüge bei: H. Karasek, Max Frisch. Velber bei Hannover ²1969. S. 75 und S. 101 ff.

O. Gillen. In: Badische Neueste Nachrichten (29. September 1970).

Zu Aufführungen in der DDR

E. M. Jäger. In: Theater der Zeit 16 (1961) H. 8, S. 73 f.

H. Ullrich. In: Neue Zeit (22. Dezember 1961).

-ler. In: Nationalzeitung (23. Dezember 1961).

M. Haedler. In: Der Morgen (24. Dezember 1961).

W. Pollatschek. In: Berliner Zeitung (24. Dezember 1961).

G. Bellmann. In: BZ am Abend (27. Dezember 1961).

F.-R. Mänicke. In: Liberal-Demokratische Zeitung (24. April 1963).

E. Schenke. In: Der Neue Weg (24. November 1963).

H. Döll. In: Liberal-Demokratische Zeitung (November 1963).

N. N. In: Märkische Union (12. Juli 1964).

H. Meyer. In: Berliner Rundfunk (21. August 1964).

H. U. Eylau. In: Märkische Volksstimme (17. September 1964).

H.-G. Werner. In: Freiheit (7. November 1966).

W. Schroeder. In: Liberal-Demokratische Zeitung (10. November 1966).

N. N. In: Das Volk (29. November 1966).

N. N. In: Thüringische Landeszeitung (30. November 1966).

N. N. In: Südharzer Rundschau (21. Dezember 1966).

H. Haufe. In: Der Morgen (19. Juni 1970).

Weitere Behandlungen des Bühnenstücks

S. Unseld: Programmheft der Städtischen Bühnen Frankfurt am Main 4 (1958/59) S. 50 ff.

W. Weber: Dichten und Trachten 12 (1958) S. 59–65.

W. Jacobs: Moderne deutsche Literatur. Portraits, Profile, Strukturen. Gütersloh o. J. S. 128–140.

W. Butzlaff: Die Darstellung der Jahre 1933–1945 im deutschen Drama. In: Der Deutschunterricht 16 (1964) H. 3, S. 25–38.

M. Esslin: Das Theater des Absurden. Frankfurt a. M. 1964; Reinbek 1965: S. 211–213.

D. Herms: Max Frisch. Biedermann und die Brandstifter. In: M. Brauneck [Hrsg.], Das deutsche Drama vom Expressionismus bis zur Gegenwart. Interpretationen. Bamberg 1970. S. 208–215.

J. T. Brewer: Max Frisch's »Biedermann und die Brandstifter« as the documentation of an author's frustration. In: The Germanic Review 46 (1971) S. 119–128.

7. Kritiken zur Bremer Fernsehfassung

H. H. In: Der Abend, Berlin (17. April 1967).

Ponkie. In: Spätausgabe der Abendzeitung, München (17. April 1967).

Ch. In: Hamburger Abendblatt (17. April 1967).
b. m. In: Westdeutsche Zeitung, Krefeld (17. April 1967).
hg. In: Stuttgarter Nachrichten (18. April 1967).
H. Karasek. In: Stuttgarter Zeitung (18. April 1967).
t. In: Kieler Nachrichten (18. April 1967).
N. N. In: Die Rheinpfalz (18. April 1967).
FRED. In: Generalanzeiger, Ludwigshafen (18. April 1967).
M. R. In: Allgemeine Zeitung, Mainz (18. April 1967).
H. A. L. In: Rhein-Zeitung, Koblenz (18. April 1967).
Br. In: Rheinische Post (18. April 1967).
abu. In: Saarbrücker Zeitung (18. April 1967).
W. M. G. In: Süddeutsche Zeitung, München (19. April 1967).
N. N. In: Schwäbische Zeitung (20. April 1967).
K. Behne. In: Saarbrücker Landeszeitung (20. April 1967).
E. J. In: Frankfurter Allgemeine Zeitung (21. April 1967).
v. In: Badische Zeitung, Freiburg (22. April 1967).
H. L. In: Badische Neueste Nachrichten, Karlsruhe (22. April 1967).
F. A. In: Echo der Zeit, Recklinghausen (23. April 1967).
U. Piper. In: Vorwärts, Köln (27. April 1967).

8. Untersuchungen zu Drama, Hörspiel und Fernsehspiel u. a.

M. Miller: Moderne Parabel? In: Akzente 6 (1959) S. 200–213.
F. Dürrenmatt: Theaterprobleme. Zürich 1955.
F. Martini: Das Drama der Gegenwart. In: Deutsche Literatur in unserer Zeit. Göttingen ⁴1966. (Kleine Vandenhoek-Reihe 73/74/74a.) S. 81–117.
P. Szondi: Theorie des modernen Dramas. Frankfurt a. M. 1956; ⁵1968.
O. Mann: Das deutsche Drama des 20. Jahrhunderts. In: Deutsche Literatur im 20. Jahrhundert. Hrsg. von O. Mann u. W. Rothe. Bern u. München 1954; ⁵1967. Bd. 1. S. 112–186.
W. Benjamin: Das Kunstwerk im Zeitalter seiner technischen Reproduzierbarkeit. 1936. Neu in: edition suhrkamp 28. Frankfurt a. M. 1963. S. 7–63.
H. Schwitzke: Das Hörspiel. Dramaturgie und Geschichte. Köln u. Berlin 1963.
A. P. Frank: Das Hörspiel. Heidelberg 1963.
E. K. Fischer: Das Hörspiel. Form und Funktion. Stuttgart 1964.
H. Geißner: Zur Geschichte des Hörspiels. In: Schulfunk (1967) H. 33, S. 95–102.
S. Elghazali: Literatur als Fernsehspiel (Veränderungen literarischer Stoffe im Fernsehen). Hamburg o. J. [1970].
W. Klose: Didaktik des Hörspiels. Stuttgart 1974.

Der Herausgeber weiß sich zu Dank verpflichtet: dem Institut für deutsche Sprache (Forschungsstelle Freiburg), den in der Übersicht aufgeführten Rundfunk- und Fernsehanstalten für die Überlassung von ungedruckten Texten, Kritiken und Daten, dem Suhrkamp Verlag für wertvolle Auskünfte, dem Zürcher und Frankfurter Schauspielhaus für Material und Auskünfte.
Für die freundliche Genehmigung zum Abdruck von Zitaten und Auszügen aus urheberrechtlich geschützten Werken danken Herausgeber und Verlag den einzelnen Rechteinhabern. Die genauen Quellennachweise finden sich jeweils unter den Zitaten.

Inhalt

Die deutsche Literatur

Ein Abriß in Text und Darstellung in 16 Bänden
Herausgegeben von Otto F. Best und Hans-Jürgen Schmitt

IN RECLAMS UNIVERSAL-BIBLIOTHEK

Philipp Reclam jun. Stuttgart

Erläuterungen und Dokumente

zu Goethe, *Iphigenie auf Tauris*. Hrsg. J. Angst und F. Hackert. 8101 – zu Schiller, *Wilhelm Tell*. Hrsg. J. Schmidt. 8102 – zu Grillparzer, *König Ottokars Glück und Ende*. Hrsg. K. Pörnbacher. 8103 – zu Büchner, *Dantons Tod*. Hrsg. J. Jansen. 8104 – zu Hebbel, *Maria Magdalena*. Hrsg. K. Pörnbacher. 8105 – zu Kleist, *Michael Kohlhaas*. Hrsg. G. Hagedorn. 8106 – zu Goethe, *Hermann und Dorothea*. Hrsg. J. Schmidt. 8107/07a – zu Lessing, *Minna von Barnhelm*. Hrsg. J. Hein. 8108 – zu Stifter, *Brigitta*. Hrsg. U. Dittmann. 8109 – zu Grillparzer, *Weh dem, der lügt!* Hrsg. K. Pörnbacher. 8110 – zu Lessing, *Emilia Galotti*. Hrsg. J.-D. Müller. 8111/11a – zu Stifter, *Abdias*. Hrsg. U. Dittmann. 8112 – zu Goethe, *Die Leiden des jungen Werthers*. Hrsg. K. Rothmann. 8113/13a – zu Keller, *Romeo und Julia auf dem Dorfe*. Hrsg. J. Hein. 8114 – zu Mann, *Tristan*. Hrsg. U. Dittmann. 8115 – zu Shakespeare, *Hamlet*. Hrsg. H.-H. Rudnick. 8116/16a/b – zu Büchner, *Woyzeck*. Hrsg. L. Bornscheuer. 8117 – zu Lessing, *Nathan der Weise*. Hrsg. P. v. Düffel. 8118/18a – zu Fontane, *Effi Briest*. Hrsg. W. Schafarschik. 8119/19a – zu Schiller, *Don Carlos*. Hrsg. K. Pörnbacher. 8120/20a/b – zu Keller, *Das Fähnlein der sieben Aufrechten*. Hrsg. J. Schmidt. 8121 – zu Goethe, *Götz von Berlichingen*. Hrsg. V. Neuhaus. 8122/22a – zu Kleist, *Der zerbrochne Krug*. Hrsg. H. Sembdner. 8123/23a – zu Lenz, *Die Soldaten*. Hrsg. H. Krämer. 8124 – zu Hauptmann, *Bahnwärter Thiel*. Hrsg. V. Neuhaus. 8125 – zu Goethe, *Egmont*. Hrsg. H. Wagener. 8126 bis 8126a – zu Hebbel, *Agnes Bernauer*. Hrsg. K. Pörnbacher. 8127 bis 8127a – zu Nestroy, *Talisman*. Hrsg. J. Hein. 8128 – zu Frisch, *Biedermann und die Brandstifter*. Hrsg. I. Springmann. 8129/29a – zu Dürrenmatt, *Der Besuch der alten Dame*. Hrsg. K. Schmidt. 8130 – zu Kaiser, *Von morgens bis mitternachts*. Hrsg. E. Schürer. 8131/31a

Philipp Reclam jun. Stuttgart